声かけのプロ!
2000組以上の親子と
かかわってきた
ベビーシッターの

子育てが
ラクになる
魔法の言葉

でんちゃん 著　きのこの子 イラスト

日本能率協会マネジメントセンター

はじめに

子育てをしていると、とっさに言葉が出てこなかったり、自分の言葉で我が子を傷つけてしまったり、そんな自分を責めてしまったりして、悩んでしまう人も多くいらっしゃるかと思います。

この本では、そんなあなたに向けて、育児がラクになる言葉をお送りします。

子どもや自分を傷つけてしまうのが「言葉」なら、そんな自分を好きになれるのも「言葉」だと思うから。

まずは簡単に自己紹介をさせてください。

僕の名前はでんちゃん。元保育士で、現在はベビーシッターをしながら、全国で講演会をしたり、子育て講師などの活動をしています。

また、ＳＮＳでも子育ての情報について発信をしており、今まで２０００組以上の親子をサポートしてきました。

DMやインスタライブなどを含めると、1万人以上のママさんや保育士さんたちに育児のアドバイスをさせていただいてきました。

こういう活動をしていると、ありがたいことに、いろいろな肩書きをいただきます。「ベビーシッター」とか「子育て講師」とか「インスタグラマー」などなど……。

でも、僕が一番誇りを持てる肩書きは、そのどれでもなくて、**「父」という肩書き**なんです。

僕は、妻や子どもたちのおかげで父という肩書きをいただいて育児をしています。子どもは3人。現在は、8歳の女の子、6歳の男の子、4歳の男の子です。

日々子どもたちとかかわっていると、**子どもたちに教えることよりも、子どもたちから学ぶことのほうが圧倒的に多い**と感じます。

この本では、僕が育児を通じて知った大切なことや、子どもたちから学べたことも、お伝えできたらと思っています。

といっても、この本にルールはありません。好きなページから、好きなように読んでください。

最初から読み進めていただいてもいいですし、本を閉じてもらっても構いません。

ただ、大切な話をもう少しだけしますので、興味がある方はお付き合いください。

こういう活動をしていると、よくこんなことを聞かれます。

「でんちゃん、子育てで一番大切なことってなんですか？」

お答えします。子育てで一番大切なこと。

僕はそれは、「**言葉**」だと思います。

言葉が豊かになると、間違いなくあなたの人生も、子どもの人生も豊かになります。

例えば、「もう歩けない〜」と泣いてしまう子に対して、

「あの電信柱まで何歩で歩けるか数えてみよっか」と声かけをするのも「言葉」。

「歩けないくらい疲れちゃったんだよね」と共感をするのも「言葉」。

「歩きなさい！」と怒ることも、「言いすぎちゃってごめんね」と謝るのも「言葉」。

「この子はグズれるまでに成長したんだ」と捉え方を変えるのも「言葉」。

「イライラするけど、私って頑張ってるよね」と自分をほめるのも「言葉」。


この本では、今すぐに役立つ「言葉」から、子どもや自分に優しくなれる「言葉」まで、育児がラクになるさまざまな言葉を散りばめています。

その言葉が積み重なって「人生」というものができあがっていきます。


この本のどこかに必ず、あなたが今、必要としている言葉が並んでいます。

その言葉が、あなたやお子さんの人生にとっての栞《しおり》になることを願っています。

２０２４年11月

でんちゃん

Contents

第2章 すぐに使える、子どもが動く言葉

第3章

育児の裏技

~あなたの育児に役立つ言葉~

第4章

あなたの育児が、ちょっとだけラクになる言葉

第5章 子どもから学べること
～子どもの心の中を「覗ける」言葉～

第1章

あなたの育児が変わる魔法の言葉

毎日何気なく使っているこの言葉というものは、
実はとても大きな力を秘めています。
この章では、親の言葉というものが育児にどれだけ
大きな影響をもたらすのかをお伝えしたいと思います。

子どもの心の栄養になる言葉

言葉というものは、近い存在に投げかけるものほど雑になりがちです。

初対面の人には丁寧に使う言葉も、仲良くなったり一緒に暮らしたりするうちに、だんだん慣れてきて適当な言葉や返事になってしまうことってありますよね。

だからこそ、意識をして**自分の言葉をプレゼントのように丁寧に包装し、相手に渡す**ことが大切になってきます。


あなたが世界で一番愛している人は誰ですか？

その人から「おはよう！　今日も大好きなあなたに会えて嬉しいよ」という言葉をもらったら、どんな気持ちになりますか？


だからその言葉を、ぜひ我が子に使ってあげてください。

なぜならば、あなたのお子さんは、あなたのことをこの世の誰よりも愛しているのだから。

朝起きて、あなたがお子さんにかける第一声はとても大切です。

なぜならば、その一言でお子さんの安心感が大きく変わってくるからです。

その言葉で、お子さんは気持ちよく朝を迎え、あなたと過ごす家を安心できる場所だと感じることでしょう。

この言葉には**「あなたは存在していていいんだよ」「あなたには価値があるんだよ」「あなたには人を幸せにする力があるんだよ」**というメッセージが込められています。

大好きなパパやママから日常的にその言葉を受け取った子は、これから成長していった時に、自分に自信を持つことができ、どんな困難でも自分の力で乗り越えていけるようになります。

たった一言でこんなにたくさんの承認のメッセージが伝えられるなんて、とってもお得ですね！

体のことを考えるなら、栄養バランスのいい食材で、丁寧に料理をつくるでしょう。

それと同じように、心のことを考えるならば、心の栄養のためにも、丁寧に言葉を使う必要があるのです。

料理が体をつくるのと同じように、言葉は心をつくるのです。

その言葉でお子さんは、自分も周りも大切にできる人間に成長していくはずだから……。

料理は体をつくる
言葉は心をつくる

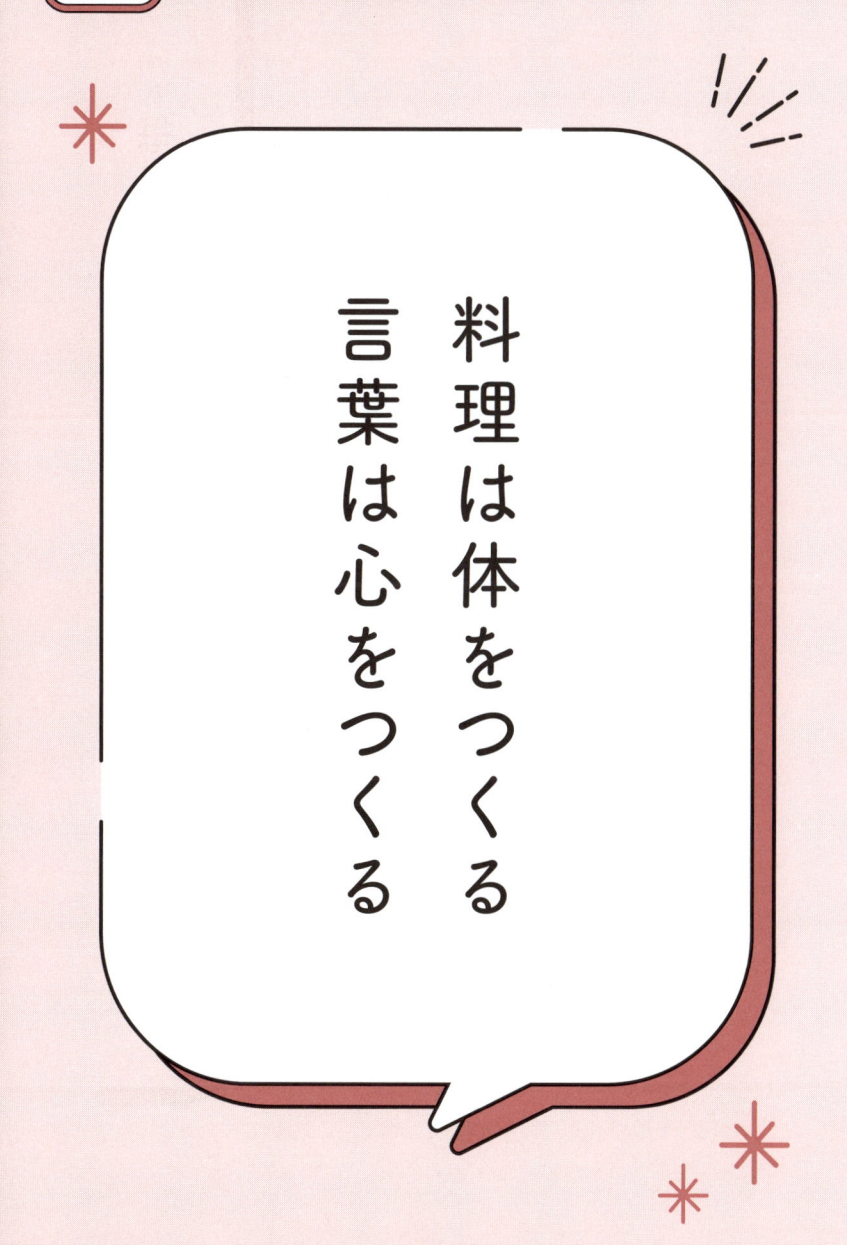

毎日が最高の1日になる言葉

言葉を少し変えるだけで、その日が最高の１日になるかどうかが決まります。

え？　信じられないですか？


では、想像してみてください。

今日はあなたの大切な日です。大好きなあの人の前で、とびきり美しい自分を見せたい。

そこであなたは「どうせ上手にメイクなんかできるわけない……」と言いながらメイクをするとします。

どうですか？　上手にメイクできましたか？

きっと、納得のいくメイクはできないのではないでしょうか。「これでいいや」という感じで、気分もそこまで上がらない。

では今度は、メイク道具をギュッと握りしめ、最高の笑顔で「私は今からすっごくきれいになるぞ！　今までで1番丁寧にメイクをして、最っ高の自分になるぞ！」と口にしながらメイクをしてみましょう。

……さぁ、メイク完了！　鏡を覗いてみてください。ほら、口にした通り、最高のメイクと表情のあなたが映っていますよ。

不思議ですね。

同じ人、同じ状況にもかかわらず、言葉を変えただけで、メイクをする動作も、丁寧さも、気持ちも、そしてその後の結果も大きく変わってきます。

このように、あなたの言葉には人も未来も変える力があるのです。

だから、あなたが朝、「今日も最高の1日になるね」と口にすることで、その日は本当に最高の1日になるのです。

嘘だと思うなら、ぜひ試してみてください。

そしてこれは、子育てでも同じことが言えます。

あなたは、今使っている言葉をどのようにして覚えましたか？

おそらく、あなたのパパやママに教えてもらったり、真似をしたりして言葉を覚えてきたのではないでしょうか。


ということは、あなたが周りの悪口や陰口ばかり言っていたら、**「その悪口で子どもの人生はつくられる」**ということになります。

逆に、周りの喜ぶような言葉、幸せになるような言葉ばかり使っていたら、**「その幸せな言葉で子どもの人生はつくられる」**ということになります。


どちらを使うかはあなたの自由です。

言葉を変えるには、お金も時間もかかりません。

まずは今日という1日を、最高の1日にするところから始めてみませんか？

あなたの言葉が子どもの人生をつくる

ネガティブな出来事を ポジティブに変える魔法の言葉

育児をしていると、うまくいかないことや思い通りにいかないことはよくあると思います。そんな時に、あなたはどんな言葉を使いますか？

「サイアク」「ありえない」「○○のせいで……」

つい口に出てきそうなネガティブな言葉たちですが、日常的にこの言葉を使うと、それが習慣になり、いつしか口グセになってしまいます。

ですからこの言葉たちを、ポジティブに言い換えてみましょう。

覚えてほしい魔法の言葉はたったひとつ。

それは「**ラッキー！**」です。

「え？　そんなありきたりな言葉でいいの？」って思いましたか？　でも、この言葉は人生を変える力を持っているのです。

そしてこの「ラッキー」という言葉は、ネガティブな出来事が起きた時に、より効果を発揮します。

例えば、子どもが水をこぼしてしまったとしましょう。

つい「サイアク」とか「何やってるの!!」と言いたくなりますが、その言葉を「ラッキー」に言い換えてみてください。

「何やってるの！　早く拭きなさい！」

↓「ラッキー！　こう持ったら水がこぼれるって勉強になったね」

このように「ラッキー！」と口にすることで、次に出てくる言葉がポジティブなものに変わります。**起きた出来事は変わらないのに、言葉を変えるだけでその後の対応や気持ちが大きく変わってくるのです。**

思ってなくても大丈夫。言葉だけでも「ラッキー！」と口にしてみてください。

そうすると、**自然と頭の中で「ラッキー」の理由を探すようになります。**

以前、あるママさんからこんなご相談をいただきました。

「うちの子がゲームをしている時に、うまくいかずに怒って、テレビにコントローラーを投げてテレビを壊してしまったんです」

と、そのママさんはすごく悩んでいらっしゃいました。

そこで僕は、そのママさんにこうお答えさせていただきました。

「それは、すごくラッキーでしたね。100回怒られるよりも、1回の経験で学ぶことのほうが多いですからね」

それを聞いてから、そのママさんは物事を前向きに捉えられるようになり、お子さんも、怒らなくても自然とゲームのルールを守ってくれるようになったそうです。

この経験は、テレビの修理代よりもずっと価値のあることだと僕は思います。

そして、「ラッキー」と合わせて使うと、さらに効果が強くなる言葉があります。

その言葉が「**ちょうどよかった**」です。

先ほどのお水をこぼしたことを例に挙げると、

「ラッキー！　ちょうどよかった。この床掃除しようと思ってたんだよね」

といった具合に、「ちょうどよかった」という言葉を日常的に使うことで、思考がポジティブになり、運が向いてきます。

さらに「ちょうどよかった」と言ってもらえると、お子さんは安心してまたさまざまなことに挑戦できるようになり、あなたとの信頼関係も高まっていきますよ。

「ラッキー」は運が舞い込む魔法の言葉。

この言葉を使うことで世の中の捉え方が大きく変わるので、朝起きて目が覚めると、布団の中でガッツポーズができるようになり、不安がなくなります。

なぜなら、その日起こるすべてのことが「ラッキー」だと決まっているのだから。

ラッキーに変換できる出来事の例

「子どもが 水をこぼした」	「ラッキー！ ちょうど床を掃除したかったんだよね」
「ものをなくした……」	「ラッキー！ おかげで新品が手に入る」
「お湯を張ったら お風呂の栓が抜けていた」	「ラッキー！ 次から気をつけるための勉強になった」
「家を出ようとしたら ウンチが出た……」	「ラッキー！ 外だったらもっと大変だった」
「ウンチが漏れて ズボンについた」	「ラッキー！ ちょうど洗濯しようと 思ってたんだよね」
「オムツを 洗濯しちゃった」	「ラッキー！ これを機に洗濯機を掃除しよう」
「子どもが 風邪をひいた」	「ラッキー！ 命にかかわる前に分かってよかった」
「子どもがすぐ怒る」	「ラッキー！ 気持ちをちゃんと 伝えてくれてよかった」
「子どもがどろんこで 帰ってきた」	「ラッキー！ 全身で遊べるなんて いい経験をしたんだな」

「ラッキー」は無料でできる宝くじ

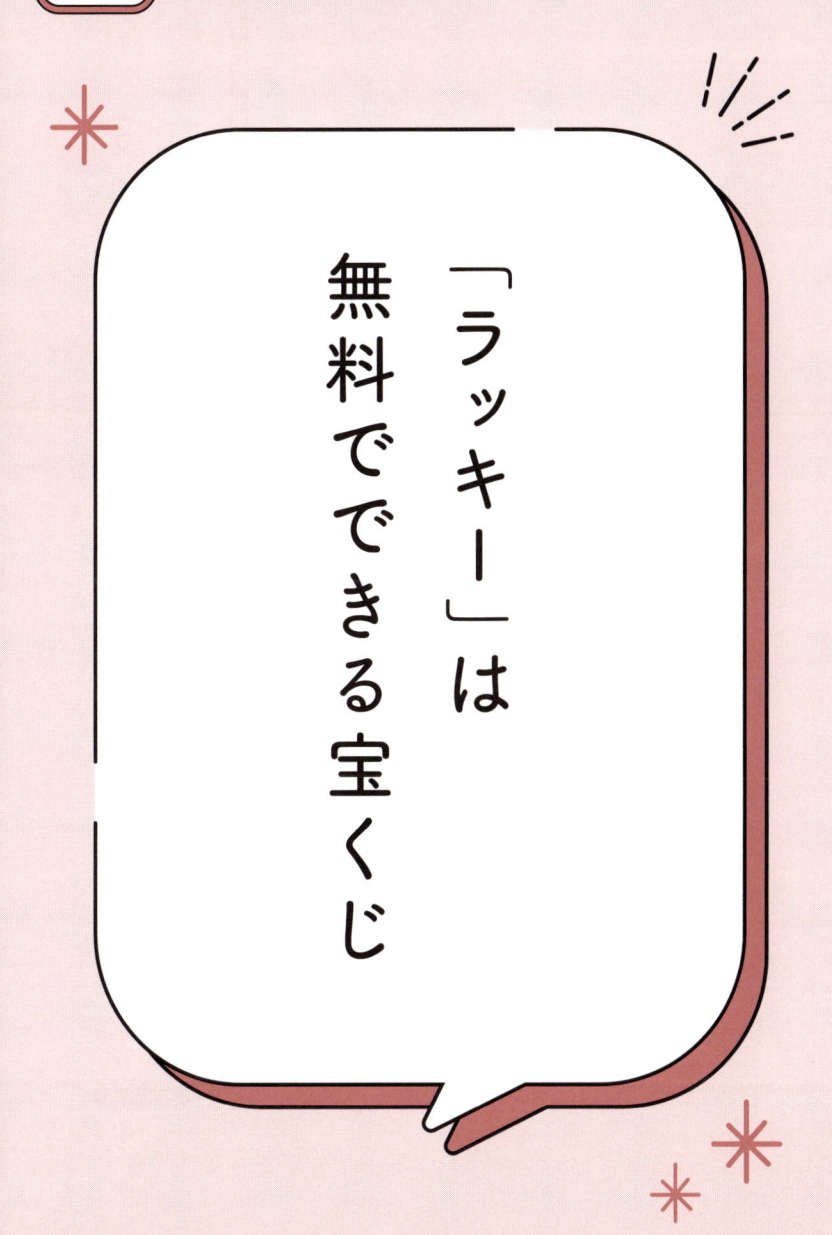

子どもの要望を否定したい時ほど「いいね！」と言ってみる

育児をしていると、子どもが突拍子もないワガママを言ってくることってありますよね。

「お菓子食べたい！」とか「おもちゃほしい！」とかね。

その言葉は、お子さんがあなたのことを信頼しているから出る言葉なんです。

とはいえ、全部ＯＫにすることはできないし、どう返事をしたらいいのか悩みますよね。

その時におすすめの言葉が「**いいね！**」です。

「え？　それって許しちゃうことになっちゃうんじゃないの？」と思うかもしれませんが、大丈夫。「いいよ！」ではなく「いいね！」です。

子どもの要望を否定したい時ほど、言葉だけでも「いいね!」と言ってあげてみてください。

お子さんがもし「○○したい～」と言ったら、第一声で「いいね!」と言ってあげるだけで、お子さんの受け取り方が大きく変わります。

その後、「今回は難しいけど、そのアイデアいいね!」「ママもやってみたい(食べてみたい)」と口にすることで、納得してくれることもあります。

おもちゃ屋さんでも「これほしい!」という我が子に対して、「いいね! そのおもちゃを選ぶセンスが最高! どんなところがいいと思ったの?」と子どもの話を聞くだけでも、話を聞いてもらえたことに納得して、買わずに帰れることも多いですよ。

でも、もしかしたら、それでも「やりたい～!!」「食べたい～～!!」と泣き叫ぶかもしれません。

それでも、「ママは自分の言葉に耳を傾けてくれる人なんだ」ということはしっかりとお子さんに伝わっているので、**長期的に見てあなたへの信頼度は高まります。**
そうなると、お子さんが成長して悩みにぶつかった時、助けを求めたい時、ひとりで悩みを抱えたりガマンしたりするのではなく、あなたに悩みを打ち明けたり、助けを求めたりしてくれるようになりますよ。

親子の会話は、「キャッチボール」です。「私はこう思うんだけど。あなたはどう思う?」「うん! いいね。僕はこう思うよ……」といった具合に、言葉というボールを交互に投げて、受け取って、会話をラリーさせることが大切です。
一方的に言葉を子どもにぶつけるだけの「ドッチボール」だと、言葉はなかなか伝わりません。

お子さんがワガママを言ってきても、一言目は親指を立てて「いいね!」と言ってあげましょう。その「いいね!」は、「あなたの意見をちゃんと聞いていますよ」のメッセージになります。

子どもとの会話は、ドッチボールではなくキャッチボールで

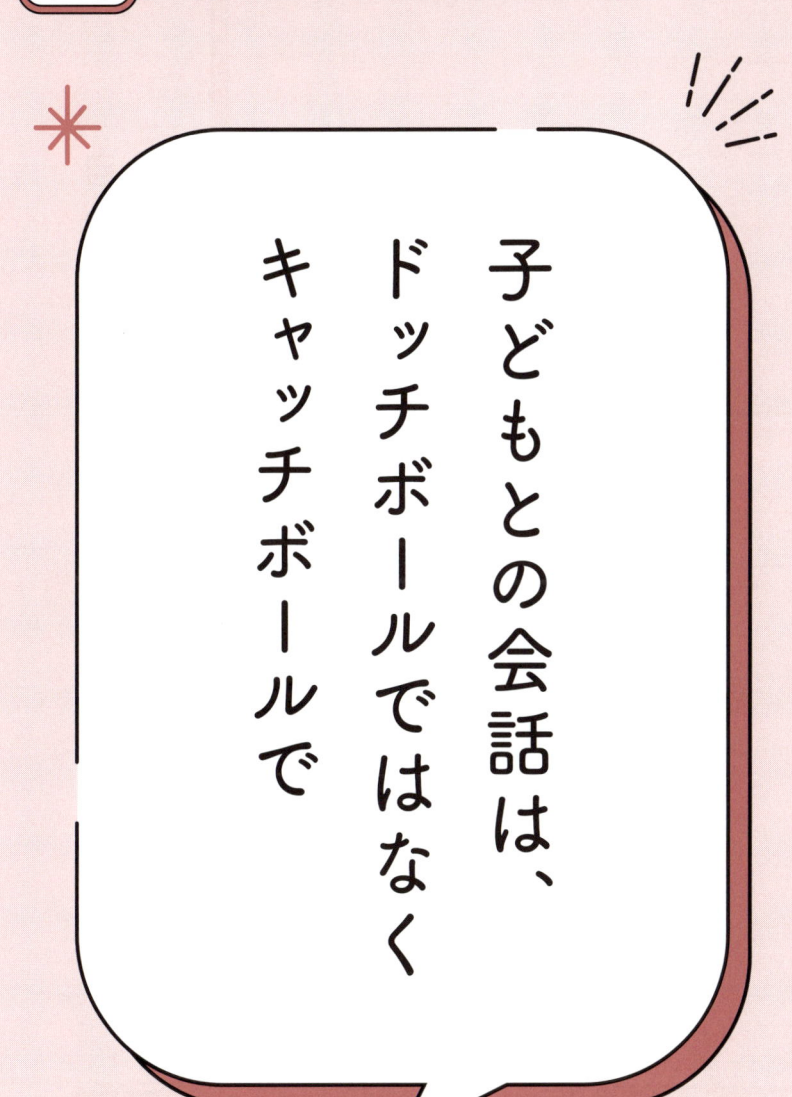

「自分が何を言いたいか」より「相手は何を求めているか」

言葉を少し変えるだけで、あなたの子育てが少しラクになるかもしれません。

例えば、お子さんに言うことを聞いてほしい時や、手伝ってほしい時に「○○しなさい！」よりも「いつも○○してくれてありがとう」と相手のために言葉を伝えるだけで、子どもがすんなり動いてくれることも多々あります。


身近なもので分かりやすいのが、トイレの貼り紙です。

「トイレを汚さないでください」よりも「いつもトイレをきれいにお使いいただき、ありがとうございます」のほうが、きれいに使おうという気持ちになりますよね。


お子さんへの言葉も、トイレの貼り紙も、共通点があります。

それは、**「自分のため」ではなく「相手のため」に言葉を使っている**ということ。

これは、夫婦関係においても同じことが言えます。

例えば、「君に全部任せるよ」という言葉。

この言葉は一見、相手の意思を尊重している言葉のように感じますが、受け取る側からすると、突き放されたと感じてしまう人も多いのではないでしょうか。

なぜならこの言葉には「俺は知らないから君が全部やって」「責任も君が全部取ってね」という意味が含まれているからです。

こうした言葉を聞くと、独りで育児をしている気持ちになるのは

そのせいです。

でも、その言葉を「いつも家族のために考えてくれてありがとう」という言葉や、「相談してくれてありがとう。俺は○○だと思うんだけど、君はどう思う？」という言葉に変えるだけでも、言われたほうは、一緒に育児をしている気分になれます。

だからこそ、「自分が何を言いたいか」よりも「相手はどんな言葉を求めているか」を考える必要があります。

家族の誰かひとりがガマンして成り立つ関係は「今は大丈夫に見えているだけ」で、いずれ限界が来てしまいます。

そうならないためにも、時間がかかってもいいので、言葉を口にする前に、少し待ち、考えてから話すクセをつけてみましょう。

言葉ひとつで、受け取り方は大きく変わります。

自分の使う言葉に感謝の気持ちを込めて、言葉に力を宿しましょう。

自分のためではなく、相手のために言葉を使おう

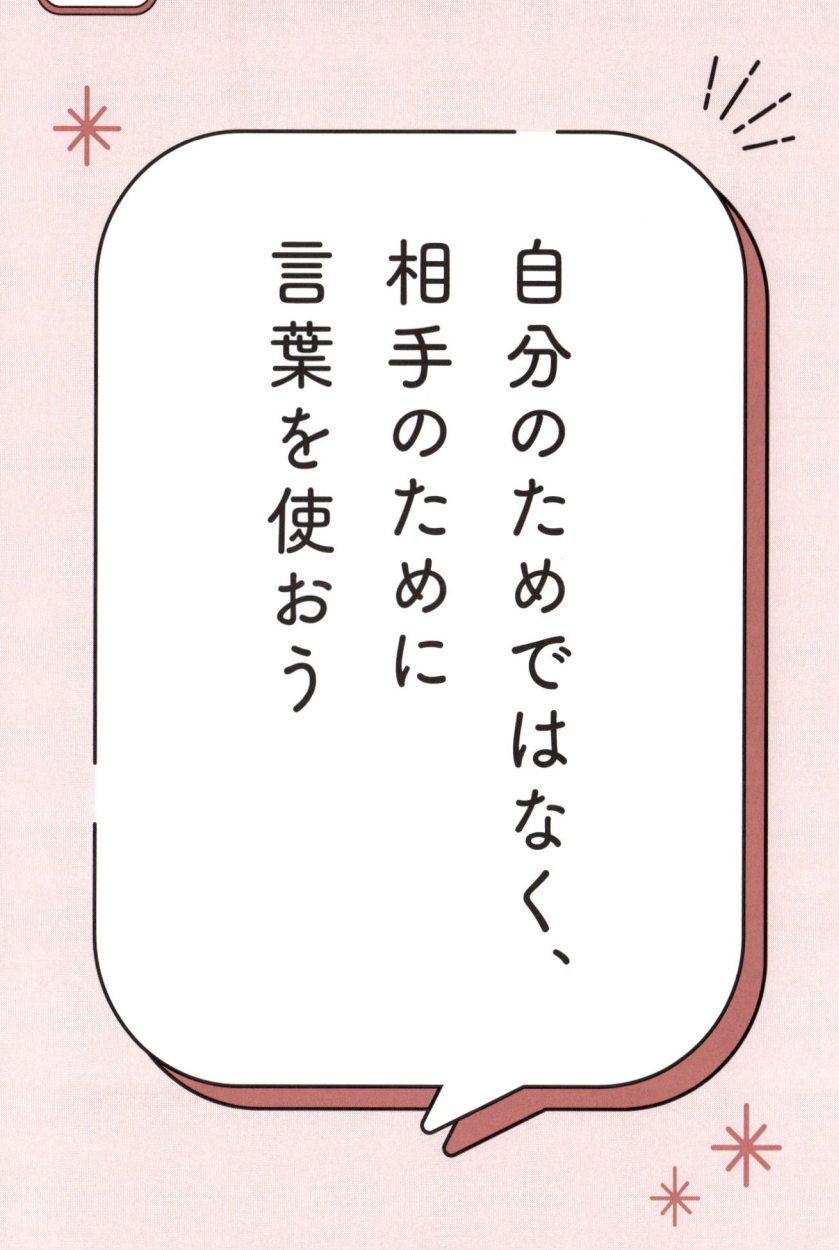

捉え方を変えるだけで子育てはラクになる

僕は2000組以上の親子をサポートさせていただいてきましたが、過去にある記事の取材でこう聞かれたことがあります。

「今まで、『悪い子だな』って思う子はいましたか？」

僕は最初、この質問の意味が分かりませんでした。

なぜなら、今までひとりも「悪い子」に出会ったことがなかったからです。

どんな子であっても、魅力ある面は持ち合わせています。

例えば、すぐに泣いてしまう子に対して「弱虫な子」と捉えることもできますが、見方を変えれば「自分の気持ちを表現できる子」と捉えることもできますよね。

「すぐに怒る子」は「感情を豊かに表現できる子」。「落ち着きのない子」は「好奇心旺盛でたくさんのことに興味を持っている子」。「人見知りな子」は「慎重で、パパやママを信頼している子」といった具合に、**マイナスに感じることでも、子どもに対する視点を変えればプラスになる**のです。


子どもだけではなく、世の中も自分の捉え方次第で大きく変わります。

例えば、車で仕事に行くとします。その途中で信号が赤だった時に「なんで赤なんだよ！　急いでいるのに!!　信号の**せいで**遅れてしまうじゃないか！」と口にすると、だんだんイライラしてきて、その後起こった出来事もマイナスに捉えてしまいます。

逆に、同じ状況で「あ、信号が赤の**おかげで**、事故に遭わなくて済んだな」と口にするだけで、少し心に余裕が生まれ、その後も落ち着いて行動できるようになります。

前者と後者、その後事故に遭いにくいのはどちらでしょう？

言葉が変わると、捉え方が変わり、その後の結果も変わってくるのです。

前者と後者の違いは、**コントロールできないものに気持ちを左右されない**、ということです。

「赤信号」は、どれだけ感情的になってもコントロールすることはできないですよね。他にも「天気」「過去」「他人」そして「子どもの性格」も変えることはできません。それに対してマイナスの部分ばかりに目を向けて感情的になるよりも、視点を変えてプラスの部分に目を向けるだけで、世の中に対しても、子どもに対してもイライラすることが圧倒的に減ります。

世の中を変えようと思っても、そう簡単に変えることはできません。他人を変えようと思っても、そう簡単に変えることはできません。

でも、あなたの言葉を変えることはできます。

いつから?

そう、今この瞬間からです。

世の中や他人は変えられないだけど、自分の言葉は変えられる

「謙遜」を「感謝」に変えると、心は豊かになる

「あなたのお子さんは、とても優しい子なんですね」
「こんなところが素敵ですね」
そう言われたら、あなたはなんと返事をしますか？

多くのママさんが「いやいや！　うちの子なんて全然……」とか「家ではワガママだし、下の子にイジワルばっかりするんです……」と、お子さんの悪いところばかりを丁寧に探してくれます。

決して悪気はないと思いますが、その言葉をお子さんが聞いたら、どんな気持ちになるでしょうか？

また、伝えた相手も、言葉を受け取ってくれないと寂しい気持ちになってしまい

ます。そんなのもったいない！

ですから、ほめてくれた相手には、堂々と「そう言ってもらえて嬉しいです」や「ありがとうございます！ そうなんです、自慢の息子（娘）なんです」と伝えてあげてください。

恥ずかしがることはありません。その言葉で、お子さんも相手も、そしてご自分も、とてもあたたかい気持ちになる言葉だと思いますよ。

世界一大好きなママからこうした言葉を言ってもらえる子は、自分に自信を持ち、自分に価値を感じられる子に成長していきます。

また、これは子育てに限ったことではありません。

「○○さんって素敵な方ですよね！」「すごくおきれいですよね！」と言われた時に、「いえいえ、そんなことないですよ！」と答える方も多いかと思います。

そんなふうに、自分を謙遜できることはとても素敵なことですよね。

しかし、**言葉というものは、プレゼントと一緒**です。例えばあなたは、大切な人から誕生日プレゼントをもらったら、なんと返事をしますか？

「いやいやいや！　申し訳ないから受け取れないです！　返します！」と言う人はいないですよね。

きっと「わぁ！　嬉しい！　ありがとう！」と喜んで受け取るでしょうし、相手もそれを望んでいることでしょう。

言葉もそれと一緒です。

あなたに喜んでもらえるように、相手がプレゼントしてくれている言葉なのです。

ですから、素直に「ありがとうございます！　そう言っていただけて嬉しいです」と、その言葉のプレゼントを受け取ってあげてください。

きっと相手も、そのほうが喜んでくれると思います。

あなたの「嬉しいです」という言葉が、今度は相手へのプレゼントになるのです。

言葉は プレゼントのように きちんと受け取ろう

心が満たされる言葉たち

子育てをしていて、もしも今の状況に不安があれば、次の3つのうち、どれかを変えることをおすすめします。

それが「**環境**」「**人**」「**言葉**」です。

「環境」は住んでいる場所や職場など、「人」はかかわる人、「言葉」は自分の言葉です。

もしも今あなたが育児で悩んでいるならば、そのどれかを変えるだけで悩みは激減するでしょう。

そして、3つの中で今すぐに変えられる、1番ハードルが低いのが「言葉」です。

例えば、あなたの周りに人の悪口や陰口ばかり言っていて「毎日生活が充実していて幸せです！」という人はいますか？　おそらくいないと思います。

人が悪口や陰口を言う時は、不満がたまっていたり、心が満たされていない時です。

では逆に、人に「素敵だね」「すごいね」「センスがいいね」といった言葉を使う人はどうでしょう？　その人の毎日は、幸せで充実しているように見えませんか？

それらを口にしていると**「なんとなく、そういう気分になる」**。**最初はそれだけで十分**です。信じられないかもしれませんが、だんだんと、自分の言葉に事実が引っ張られて、本当にそうなっていくのです。

自分の言葉を1番近くで聞いているのは、自分ですからね。

「どんな言葉を使ったら人は喜んでくれるんだろう」と考える習慣がつくと、人をほめることも自然と増えていきます。

コンビニの店員さんに「素敵な対応ですね」「丁寧に袋に入れてくださってありがとうございます」と言う人があまりいないように、意識をしないと「ありがとう」

を伝えるチャンスを見過ごしてしまうことも多いものです。

だからこそ、**人をほめたり、相手の喜ぶ言葉を口にできる人には、価値が生まれます。**


「でも、うちの子にはほめるところがないんだけど」と思う方もいるかもしれませんが、そんなことは絶対にありません。

「当たり前」だと思うようなことでもいいのです。

例えば、元気で好奇心旺盛！　とか、好きなことに没頭できる！　とかね。


意識をすれば、人はゴミ箱でもほめることができます。

「あなたがいるから部屋がきれいに保てるんだよ」なんて言ってあげたら、ゴミ箱さんも喜んで小躍りするかもしれません。


あなたが、相手の喜ぶ言葉をたくさん使う生き方を見せていくことが、お子さんの人生の道しるべとなるのです。

心を満たしたいなら
まずは
身近な人をほめる

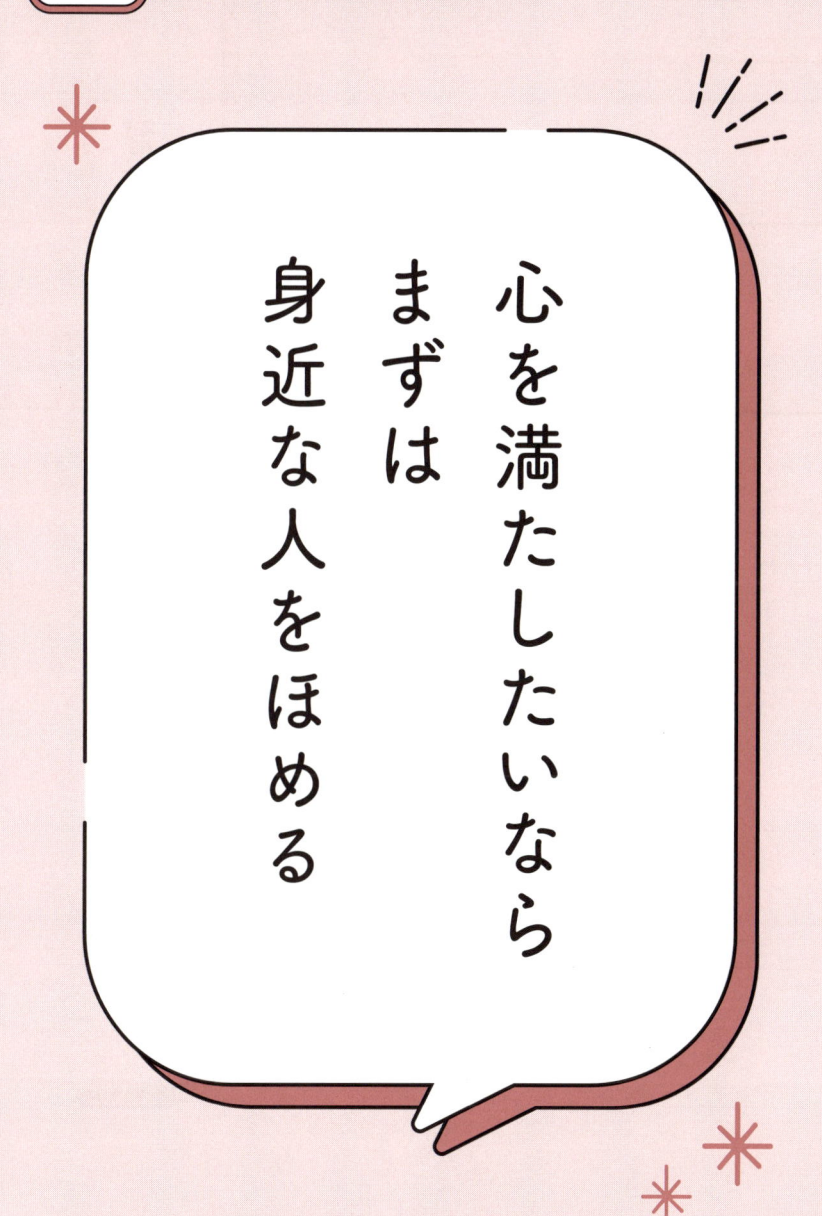

育児に自信を持たなくていい

あなたは、子育てに自信はありますか？

先に結論をお伝えすると、子育てに自信を持てなくてもいいんです。

ただ、子どもの前では自信のあるふりをしてあげてください。


例えば、あなたが体調を崩し、病院に行ったとします。その時に、お医者さんが聴診器を片手にこう言ったらどうでしょう。

「え～っと、風邪……かなぁ。でも、分かんない、どうだろう。インフルエンザかも……え、どうしよう……」

これではすご～く不安になりますよね。お医者さんには自信を持って堂々と診察してもらったほうが安心できます。

それと同じです。あなたに自信がなく不安だと、子どもはもっと不安になるのです。

育児をしていると、子どものことが心配になることもあると思います。

自分の育児が正しいのかと不安になることもあると思います。

でも、そんな時こそ自信を持ったふりをして、あなたぐらいはこう言ってあげてください。**「あなたなら大丈夫」**と。

心配は、周りの人がいやと言うほどしてくれます。だからあなたは、ただお子さんを信じてあげてください。

「あなたなら大丈夫」。その言葉

で救われる子どもは多いと思います。親に信じてもらった子は、どんな困難でも乗り越えていける心を持つことができます。

あなたは、心配の対義語を知っていますか？

「心配」の対義語、それは「信頼」です。

子どものことを心配してあげることは素敵なことですし、愛情だと思います。

でも、もしかしたら子どもは、もっとあなたに「信頼」してほしいと思っているかもしれません。

あなたの育児は大丈夫です。

この本を手に取っている時点で、あなたはお子さんのことを真剣に考えているということです。

そんなあなたに育てられているお子さんは、本当に、本当に、幸せ者ですね。

我が子には「心配」よりも「信頼」をしてあげよう

でんちゃんの
1秒Q&A

Q

「くそばばあ！　どっかいけ！」

と言われます。

なんと返したらいいですか？

A

口の利き方が悪いので
「うんこおばさま、少し距離を
とってくださいますか？」
と言い直させましょう

第 2 章

すぐに使える、子どもが動く言葉

この章では、子どもがすぐに動いてくれる言葉を紹介したいと思います。
長期的な目線で子どもの成長を考え、
子どもに言葉をかけることも大切ですが、実際の育児では、
「今、なんとかしたい」「今、動いてもらいたい」と
思う場面もたくさんあると思います。
そんな時に役立つ、魔法の声かけをお伝えします。

あいさつしてくれない時の声かけ

我が子に、しっかりとあいさつのできる子になってもらいたいと思う方は多いと思います。でも「あいさつしなさい」と言ってもなかなかあいさつしてくれない時もありますよね。

そんな時は、あなたも一緒にあいさつをしてみましょう。ひとりじゃないって安心ですね！

●声かけ例●

「せーの！」

親「あいさつして」

子「イヤ」

親「そうだ、ママが『せーの』って言ったら、一緒にあいさつしてくれない？」
子「え？　いいけど」
親「せーの！」
ふたりで一緒に「こんにちは！」

ポイント
1 ママがお手本になる
2 「あいさつができなくてもOK！」くらいの気持ちを持つ

1 ママがお手本になる

例えば、会社で上司に「あいさつも

大人だったらどっちがいい？

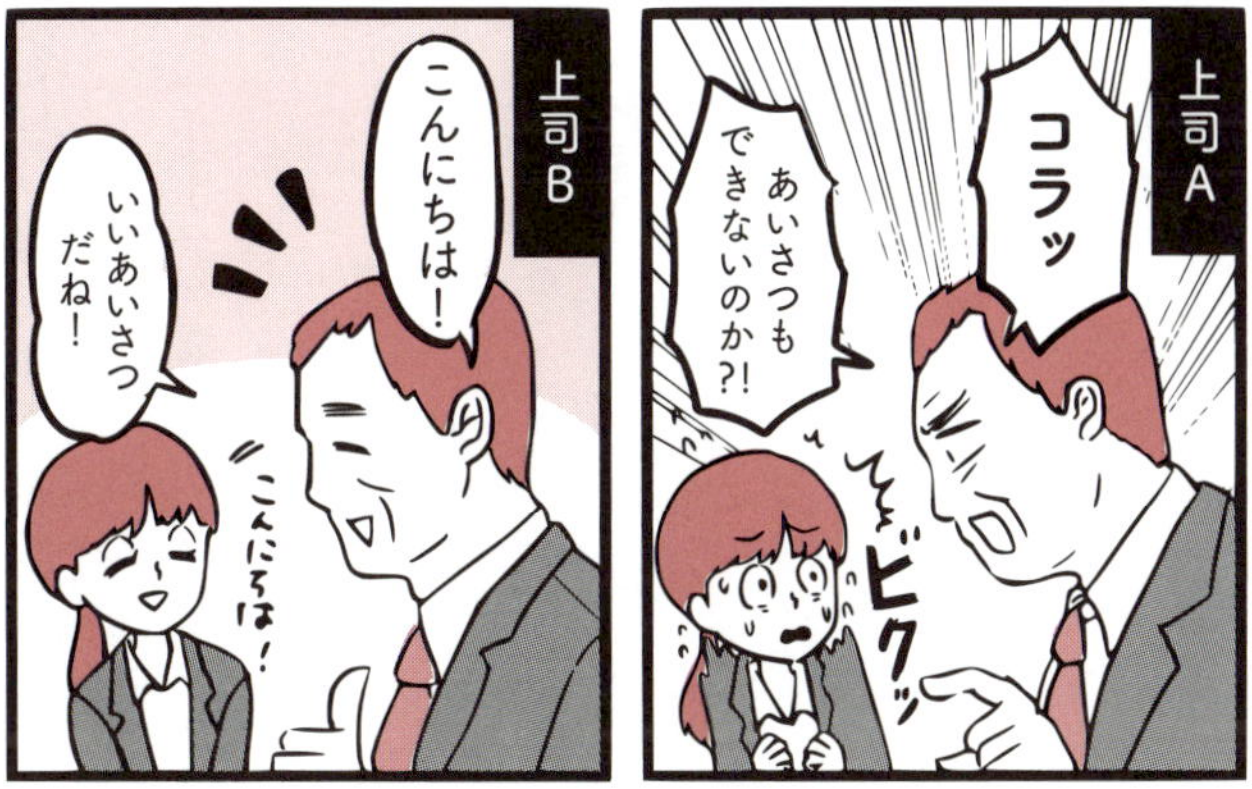

できないのか！」と突然怒られたら、委縮《いしゅく》して余計にあいさつなんてできなくなってしまいますよね。

それよりも、上司から優しくあいさつしてもらったほうが、気持ちよくあいさつができると思います。

子どももそれと一緒です。ママが日頃からお手本となってあいさつをすることで、お子さんもあいさつをしてくれる可能性が高まります。

❷「あいさつができなくてもOK！」くらいの気持ちを持つ

親の気持ちとしては、元気にハキハキとあいさつをしてもらいたいですよね。

でも、元気な声でなくても、ハキハキと言えなくても、さらにはあいさつができなくても、「あいさつをしようとチャレンジした」ことに大きな意味があります。

ですから、その日うまくあいさつができなくても、「頑張ったね」とあたたかい目で見守ってあげましょう。

あいさつの時に子どもをひとりぼっちにしない

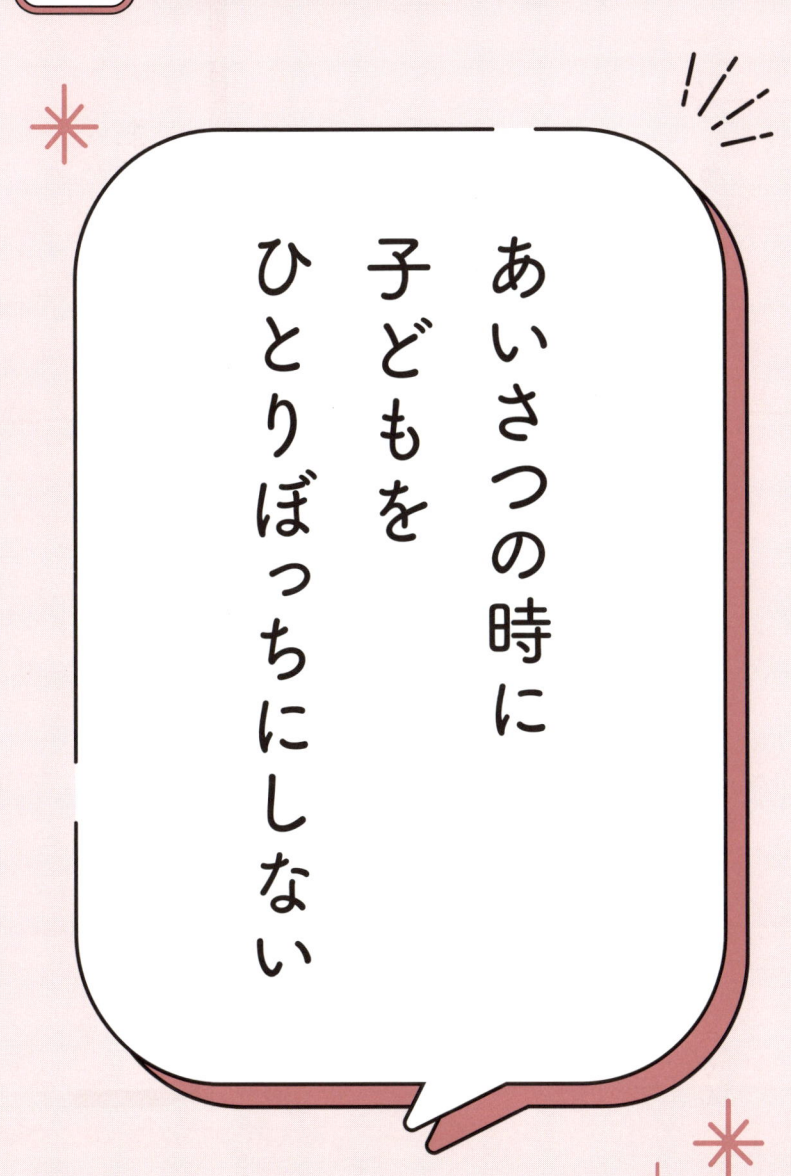

お着替えを嫌がる時の声かけ

子どもがやってほしいことと反対のことをすることって多いですよね。それを逆《さか》手《て》に取って、お着替えしないようにお願いしてみてください。すると……?

●声かけ例●

「お着替えしないでください」

親「お着替えして」

子「イヤ」

親「お願いします！　絶対にお着替えしないでください！」

子「?」

親「お願いだから絶対にお着替えしないでね？　だってお着替えしたら○○くん

かっこよくなっちゃうもん。

今からママ目をつぶるけど、絶対にその間にお着替えしないでね！　頼むね」

親が手で目をふさいでいる間に、子どもが着替え始める。

子「ジャーン！　着替えちゃったよ！」

親「え〜！　お着替えしないでって言ったじゃーん！　かっこよすぎる！」

ポイント

❶ 着替えるメリットも一緒に伝える

❷ 目をつぶって10秒数えると効果倍増

❶ 着替えるメリットも一緒に伝える

「着替えたらどんないいことがあるか」を一緒に伝えると、お子さんもすすんで着替えてくれます。

例えば「お着替えしたらかっこよくなっちゃうから、着替えないで！」や「こんなかっこいい（かわいい）服着たら、人気者になっちゃうから着替えないで！」といった具合です。

こういった声かけをすることで、子どもはその服を着た未来を想像でき、スムーズなお着替えにつながっていきます。

❷ 目をつぶって10秒数えると効果倍増

さらに、「じゃあ今から10秒間目をつぶるけど、その間に絶対お着替えしないでね！」とママが自分の両手で目をふさいでみると、ニヤニヤしながら着替えてくれることも多いですよ！

10秒数え終わったら「え～！　すごい！　なんでお着替えしちゃってるの!?　お着替えしないでって言ったじゃ～ん！」と大げさに驚いてあげてください。嬉しそうなお子さんの表情が見られると思いますよ。

やってほしい時こそ、あえて逆のことを言ってみる

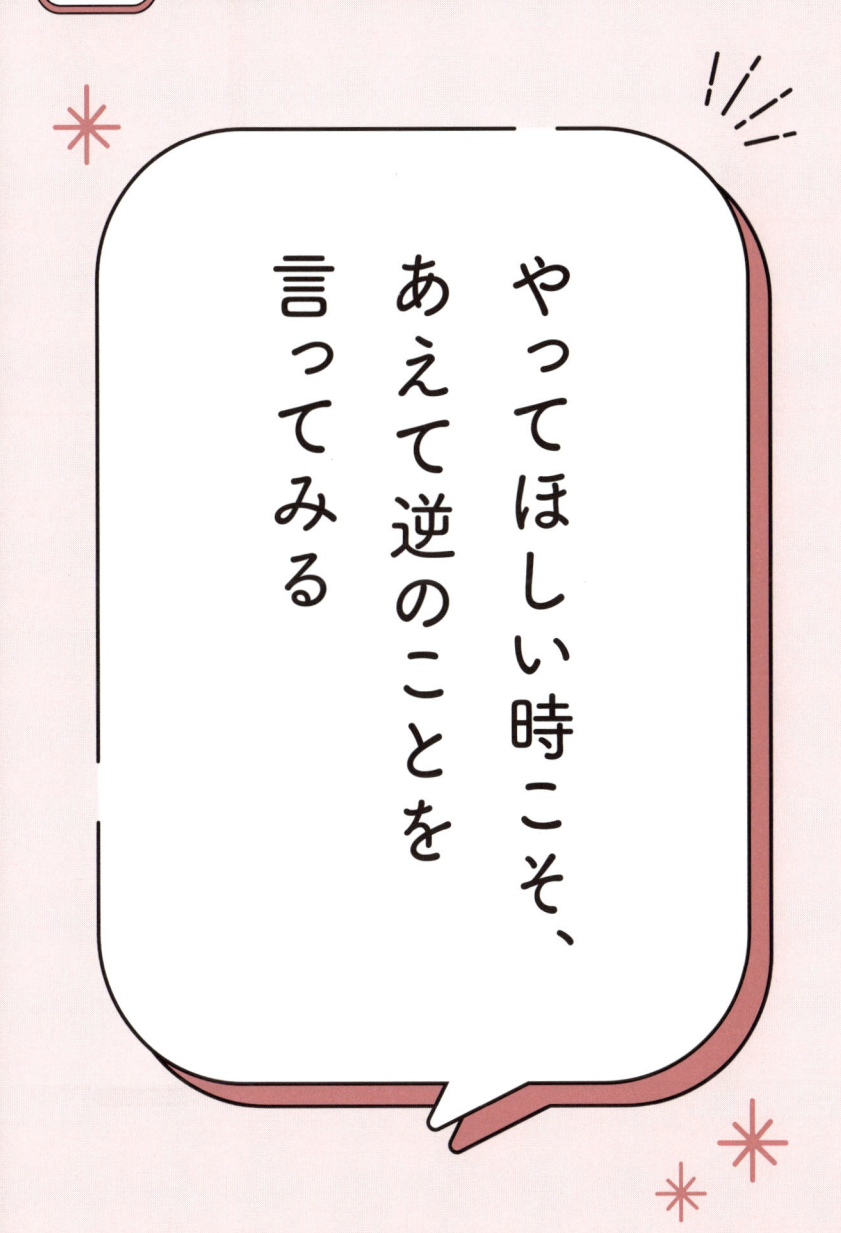

ご飯を食べてくれない時の声かけ

ご飯を食べてくれない……。そんな時は、実況中継をしてみましょう！

●声かけ例●

「〇〇くん、ついにフォークを手に取った！」

親「〇〇くん、ご飯食べよっか」
子「イヤ！」
親「おぉっと！　〇〇くん、フォークに手を伸ばすのか?!」
子「？」
フォークを手に取る。
親「ついにフォークを手に取った！　さぁ、いったいどの食べ物を食べるのか!?」

子「玉子焼きにしよっと」

親「なんと！　黄金に光る玉子焼きに、上手にフォークをさしこんだ！　その玉子焼きを……まさか!?　口に入れてしまうのか？　だんだんと近づいている！」

子「パクッ」

親「ゴール!!　入ったぁぁ！　黄金のボールのような玉子が、口の中に吸い込まれていったーーー!!!
そして、よく噛んでいる！　数えきれないほどたくさん、そして丁寧に玉子焼きを噛んでいる!!　この技を身につけるまでに、今までどれほどの鍛錬を積んできたというのでしょうか!?」

子「次はから揚げにしよう」

親「なんと！　まだ食べるというのか！　2口目だぁ〜！　彼のお腹はブラックホールなのでしょうか!!」

ポイント

①大食い番組の実況アナウンサーになりきる
②「よく噛む」ことも実況中継に入れてあげる

①大食い番組の実況アナウンサーになりきる

行動を実況中継してあげることで、食べる意欲がアップしますよ！

「おおっと！　お野菜まで食べてしまうのか!?」と食べてほしい食べ物を先に実況することで、それを口にしてくれることも！

②「よく噛む」ことも実況中継に入れてあげる

この声かけは、すごく効果があるのですが、注意点もあります。

それは、急いで食べてのどに詰まらせてしまうこと。

食事は、ただ早く食べればいいというものでもありませんよね。

ゆっくりとよく噛んで、味わって食べる大切さもありますので、この実況中継は、どうしても早く食べてほしい時にだけ使うようにしましょう。

大切なのは、食べることよりも食事を嫌いにならないこと

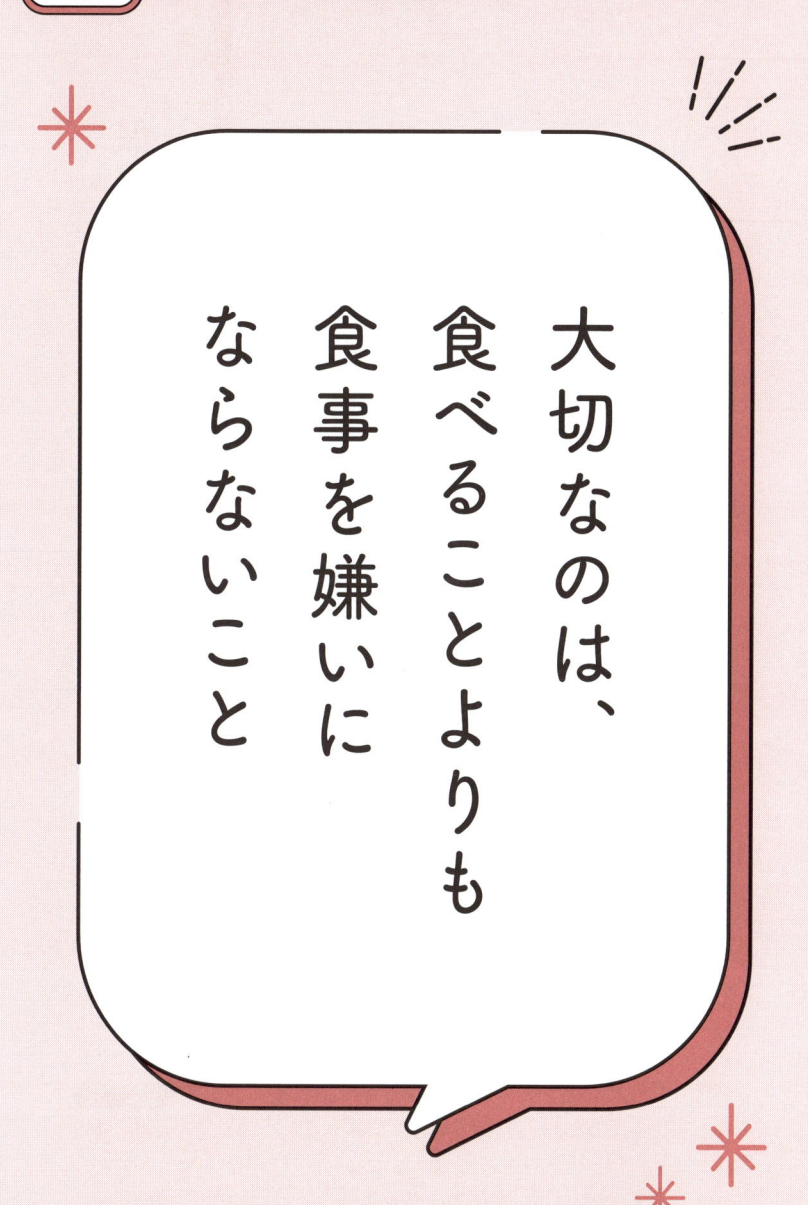

保育園（幼稚園）に行きたがらない時の声かけ

保育園に行きたくない時は、保育園に行く「きっかけ」をつくってあげましょう。そのひとつが「あいさつ対決」。先生に元気にあいさつをする「きっかけ」をつくってあげることで、楽しく保育園へ行けるといいですね！

声かけ例

「あいさつ対決しよっか」

親「保育園行こう！」
子「イヤ！」
親「そうだ、あいさつ対決しよっか！」
子「？」

親「ママからいくね。『おはようございます！』どう？　今度は○○ちゃんね」

子「おはようございます」

親「おっ！　すごいね！　でも負けないよ！『おはようございます!!』」

子「おはようございます！」

親「元気なあいさつ！　じゃあ今度は、どっちが元気か先生に聞いてもらおっか」

子「うん！」

ポイント

①対決では子どもに勝たせてあげる

②「行きたくない」という気持ちを無視しない

①対決では子どもに勝たせてあげる

対決の時に親が勝ってしまうと、悔しくて、余計保育園に行きたくなくなってしまうことも。ですからあいさつ対決の時は「○○ちゃんの勝ち！ すごいね」と、勝たせてあげましょう。

②「行きたくない」という気持ちを無視しない

この声かけは、保育園に行く「きっかけ」をつくるものです。本当に大切なのは「なぜ行きたくないのか」という気持ちをきちんと聞いてあげること。

行きたくない理由はお子さんによってさまざまだとは思いますが、必ず理由があります。時間や心に余裕がある時だけでもいいので、その理由に耳を傾け「**行きたくなかったんだよね**」と気持ちに寄り添ってあげてくださいね。

園に行けても、行けなくても、その子の価値は変わらない

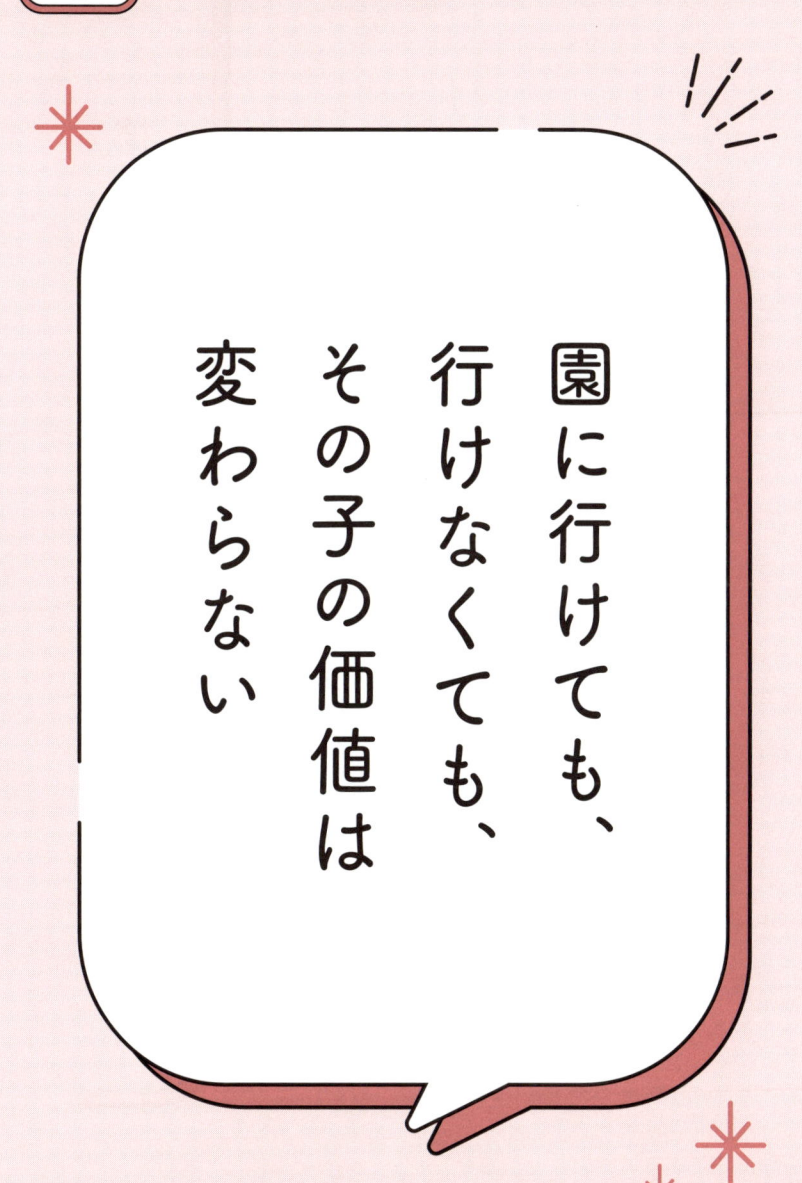

椅子に座っていてほしい時の声かけ

「椅子に座って！」と何度伝えても、すぐに席を立ってしまう時ってありますよね。
そんな時におすすめなのが「すでにできていることをほめる」です。

●声かけ例●

「ママもう5秒も座っちゃった！」

親「席についていてね」
子「イヤ！」
親「あっ、見て、ママもう5秒も座っちゃった！　すごい？」
子「え？　ぼくも5秒くらいカンタンだし！」
椅子に座る。

親「1、2、3、4、5！　えっすごい！　本当に5秒座れてる……。え……嘘でしょ？　って、そんなこと言ってる間にもう10秒も座れてるじゃん」
子「カンタンだよ」
親「じゃあ次は30秒いける？　さすがに難しいかな〜」
子「座れるよ！」

ポイント
❶ 定期的に座れていることをほめる
❷ 席を立った時には、あまり反応しない

❶ 定期的に座れていることをほめる

この声かけを使う時は、座っていることをほめられたり注目してもらっていることが嬉しいので、「まだ座れてるなんてすごいね！」「時計の長い針が8のところに来るまで座っていられる？」と、定期的に言葉をかけてあげることがおすすめです。

また、砂時計やアナログ時計などを用意し、自分がどれだけ座っていられたか目で見て分かるようにしても、座っていられる時間が長くなり、お子さんもより頑張ることができますよ。

❷ 席を立った時には、あまり反応しない

子どもが席を立った時につい注意をしてしまいがちですが、あえてあまり反応しないほうがいいこともあります。

なぜかというと、子どもは、席を立つと大人が反応してくれることを知っているからです。たとえそれが注意であっても、子どもは大人から注目されることが嬉しいのです。

そんな時は、席を立つ時ではなく、座っている時にほめてあげたり、**兄弟がいる場合は、どちらかが立った瞬間に座っているほうの子をほめるのもおすすめです。**

子どもの できないことよりも、できていることに 目を向ける

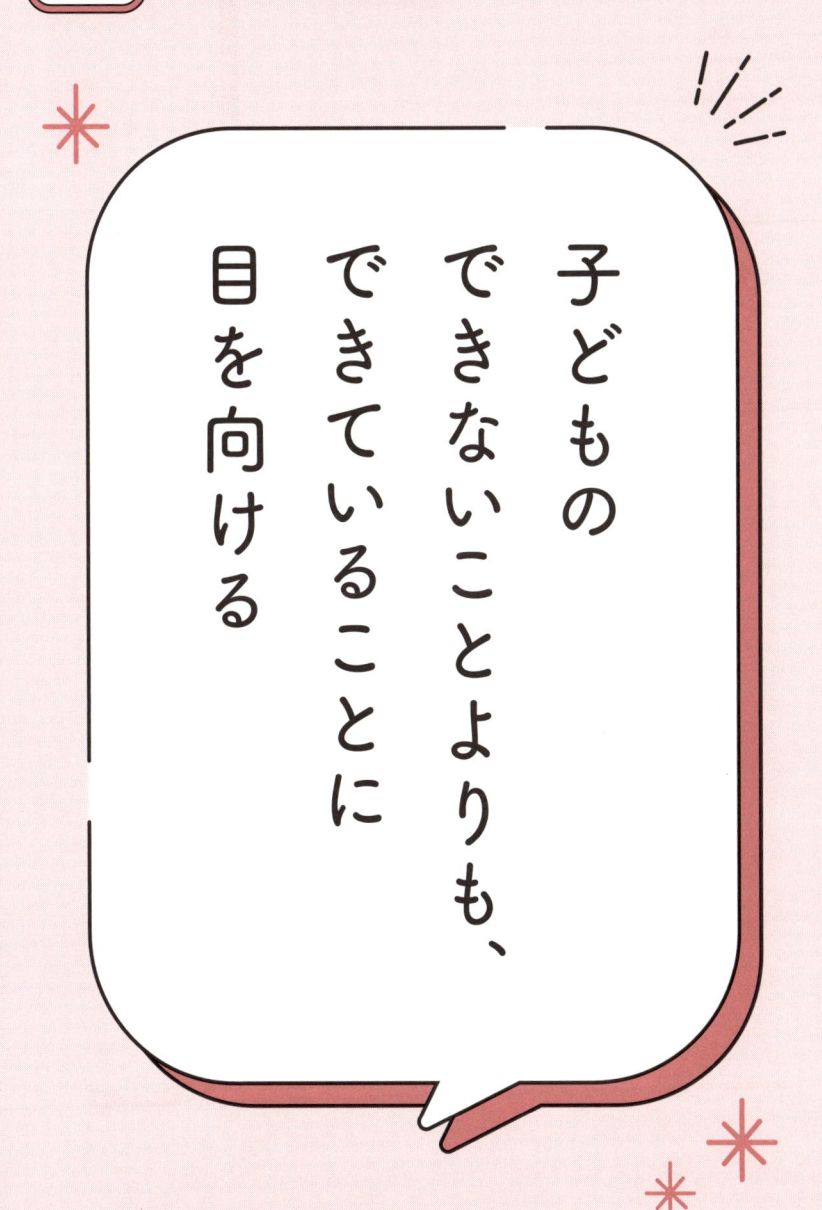

パンツ（オムツ）をはいてくれない時の声かけ

あのおとぎ話の世界が現実に!?　あなたは今から、湖の妖精になってお子さんにパンツを手渡してあげましょう。さて、お子さんはどんなパンツを選ぶかな？

●声かけ例●

「あなたが落としたのは金のパンツですか？　銀のパンツですか？」

親「パンツはこう」
子「イヤ！」
パンツが床に落ちる。
親「ブクブクブク……こんにちは、私は湖の女神です。
あなたが落としたのは、金のパンツですか？　銀のパンツですか？」

隠し持っていたもうひとつのパンツを取り出し、ふたつ用意する。

子「どっちも違う！」

親「どちらも違う……なんて正直なのでしょう。そんな正直者のあなたには……どちらも差し上げましょう」

子「いらない！」

親「そうですか、そんな謙虚なあなたには、パパのパンツも差し上げましょう」

子「1番いらない！　大きすぎる！」

親「では選ばせてあげましょう。この金のパンツか、銀のパンツか、普通のパンツか、パパのパンツのうちどれがいいですか？」

子「パパのパンツいらない（笑）。普通のパンツがいい」

親「承知しました。普通のパンツですね。上手にはけるかな？」

選ばれたパンツを渡す。子どもはもらったパンツをはく。

ポイント

①最終的には、子どもに選ばせてあげる
②いろいろな童話をオマージュしてみる

①最終的には、子どもに選ばせてあげる

お子さんによっては、金のパンツがいい子もいれば、銀のパンツがいい子もいるかもしれません。もしかしたら、「全部のパンツをはきたい！」という子もいるかもしれません。どんなパンツでも、自分で選んだパンツなら自分ではく意欲も強くなるので、ぜひ自分で選ばせてあげてくださいね！

②いろいろな童話をオマージュしてみる

今回は『金の斧 銀の斧』でしたが、場面に合わせて、いろいろな童話をオマージュして声かけしてみることで、楽しく声かけができますよ！

声かけの正解は、子どもが教えてくれる

靴をはきたがらない時の声かけ

子どもの想像力は時に、大人を驚かせてくれます。あなたが「プリンセス」と声をかければ、お子さんは本当にプリンセスの世界に足を踏み入れるかもしれません。

●声かけ例●

「プリンセス、このガラスの靴をはいてください」

親「お靴はこう」
子「イヤ！」
親「プリンセス、このガラスの靴をはいてください」
子「？」
親「お城で舞踏会があるのです。あなたにピッタリなら、王子様と結婚できるわ」

さあ、このガラスの靴に足を入れてみて！」

子「はけるかなぁ……？」

子ども、靴をはく。

親「まぁ！　上手にははけたわね。あなたが本当のプリンセスよ！　さあ、一緒に舞踏会に行きましょう！」

ポイント

① 具体的に世界観をイメージさせてあげる

② プリンセス以外にも、ヒーローでもOK！

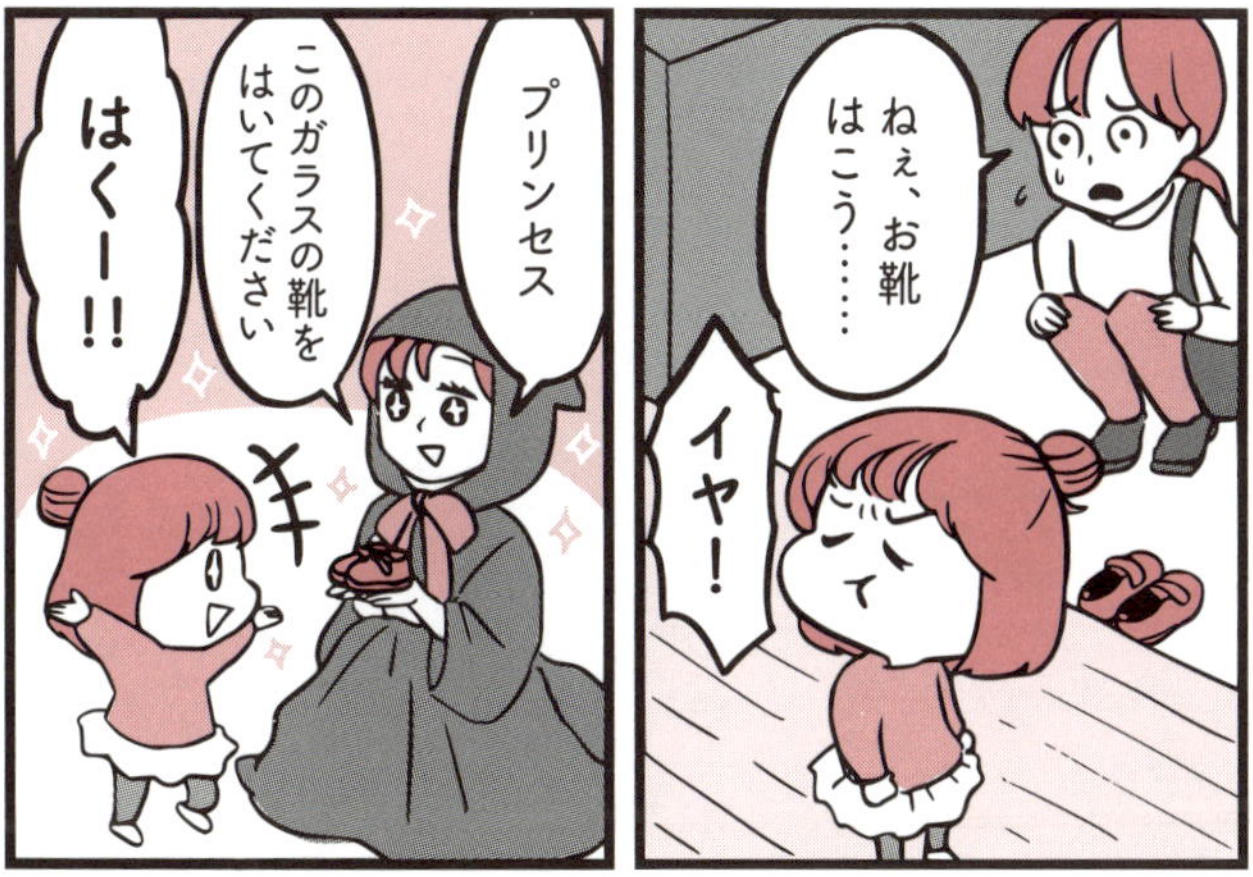

① 具体的に世界観をイメージさせてあげる

子どもはごっこ遊びの天才！「今から舞踏会でダンスを踊りましょう」「かぼちゃの馬車に乗りましょう」と具体的に言葉をかけてあげることで、よりプリンセスの雰囲気をリアルに演出してあげましょう。楽しく靴をはいてくれますよ。

② プリンセス以外にも、ヒーローでも〇Ｋ！

この声かけは、ポケモン、ウルトラマン、仮面ライダーなど、その子の好きなものと組み合わせてみてくださいね！

例「仮面ライダー！　このパワーアップシューズをはくと足が速くなるんだ！　これをはいて、みんなを助けるヒーローになってくれ！」

子どもの世界にお邪魔させてもらう

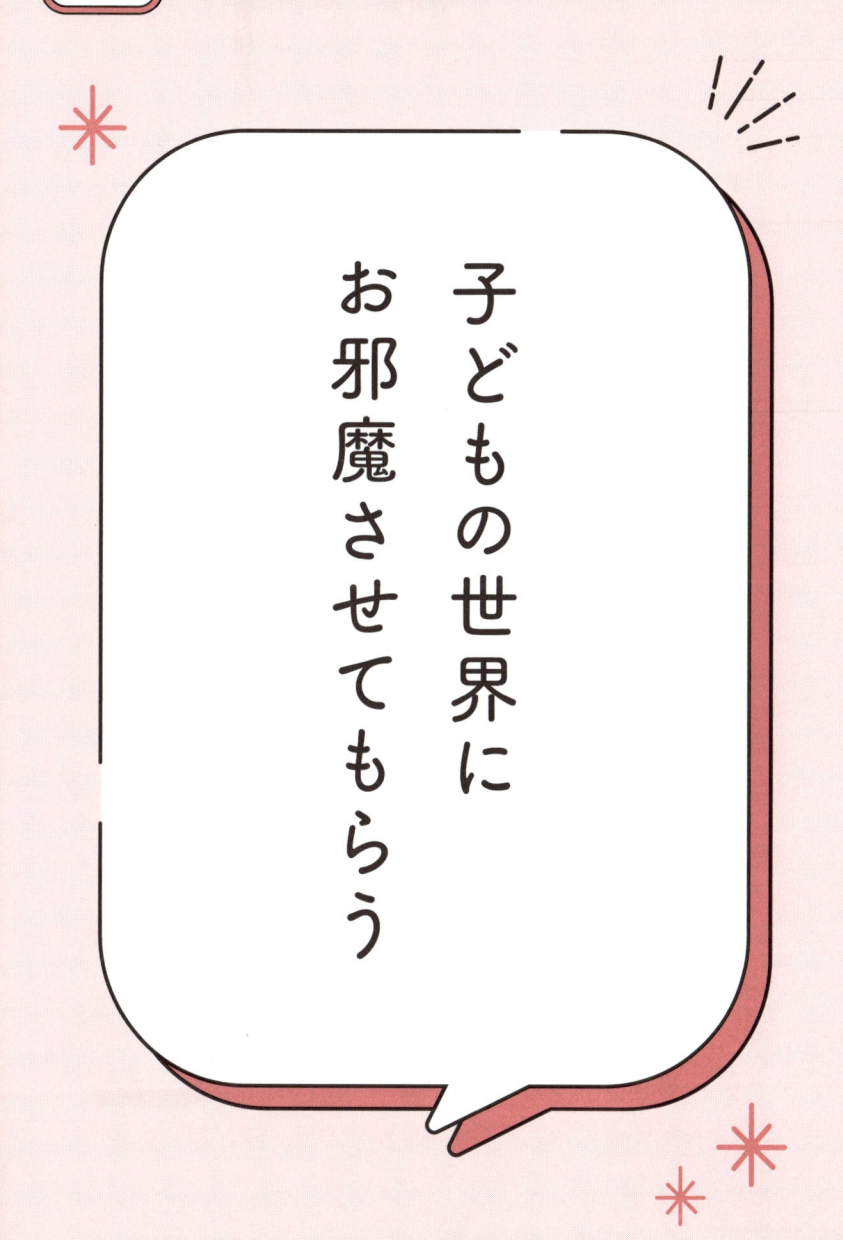

公園から帰りたがらない時の声かけ

公園でとことん遊ばせてあげたいけれど、帰ってからやるべきこともいっぱい……。そんな時は「ミッション」をつくって、お子さんに助けてもらいましょう。

●声かけ例●

「一緒に電信柱を数えてくれる？」

親「もう帰ろう」
子「イヤ！」
親「プルルルル……あ、電話だ。あ、もしもし、総理大臣ですか？」
子「？」
親「え～！　それは大切なお仕事！　承知いたしました！　頑張ります。○○くんもきっと手伝ってくれると思います。ガチャ」

子「どうしたの？」

親「実はね、総理大臣から電話で頼まれごとをして……。ここからお家までに、電信柱が何本あるか数えてほしいんだって。だから○○くんも一緒に数えてくれない？」

一緒に歩きながら電信柱の数を数える。

子「1、2、3、4……」

親「あっ、あっちにもあったよ！」

子「34、35、36……」

親「おぉ！　お家が見えてきた！　○○くん、ありがとう」

お家についたら電話をするふりをする。

親「総理大臣、50本でした！　○○くんも数えてくれました！」

ポイント

①一緒に遊んでから声をかけると効果倍増！

②ミッションは、ゲーム性を取り入れる

①一緒に遊んでから声をかけると効果倍増！

帰り際の少しの時間でも、一緒に遊んであげたほうが、言葉が入りやすいです。例えば大人でも、好きなことを「終わりだよ」と一方的に言われるよりも、「一緒にやってもいい？」と聞いてくれる人の言葉のほうが聞こうと思えますよね。ですから、帰ってほしい時ほど一緒に遊んであげてみてください。

②ミッションは、ゲーム性を取り入れる

子どもへのミッションは、ゲーム性を取り入れるのがおすすめです。他にも、

・ママの言った色をタッチする「色タッチゲーム」

・お家まで何歩で歩けるか「何歩か数えようゲーム」

など、いろいろなゲームを提案してみてくださいね！

やめさせるのが難しい時は、別のことに興味を向けてみる

「お約束」を守ってくれない時の声かけ

「お約束だよ」という言葉は、育児をしていたらよく使うと思います。ただ、なかなかお約束を守ってくれない時もありますよね。
そんな時に、別の言葉に置き換えると、どうなるでしょうか。

声かけ例

「お願いがあるの」

親「お約束だよ」
子「イヤ」
親「あ、そうだ。あのね、○○くんにお願いがあるの」
子「お願い？」

親「うん、ママからのお願い。この後○○するんだけど、○○してくれないかな？」
子「え〜、どうしようかな……」
親「これはママからの大切な気持ち」
子「……」
親「ママも、今度必ず○○くんに○○するね」
子「……本当？」
親「うん、お約束するよ」
子「分かった、お願い聞いてあげる」
親「ありがとう」

ポイント
① 上からではなく、同じ目線で声をかける
② 親も子どもも、守れないことを「約束」にしない

❶ 上からではなく、同じ目線で声をかける

上から目線で声をかけられると、大人でもあまりいい気分はしないですよね。

例えば、パートナーから「毎日、おいしくて栄養のある料理をつくるんだよ！お約束だよ！」と言われても、「約束を守ろう！」とは思いにくいですよね。

それよりも「君にお願いがあるんだ。あの日つくってくれたあの料理の味が、どうしても忘れられなくて……。よかったら、またつくってくれないかな？」と言われたほうが、頑張ってつくろうという気持ちが出てくるかと思います。

それと一緒で、子どもに対しても、大人に接するのと同じように言葉をかけたほうが、あなたの気持ちは伝わりやすくなります。

❷ 親も子どもも、守れないことを「約束」にしない

お約束したはずなのに守れない……ということもあるかと思います。それはもしかしたら、お子さんにとって「お約束」のハードルが高いのかもしれません。

「お約束」という言葉は、子どもから言ってきた時に使うようにしましょう。そうするとお子さんを怒る回数も減り、親子の信頼関係も強くなっていきますよ。

お約束は、子どもではなく親が守るためのもの

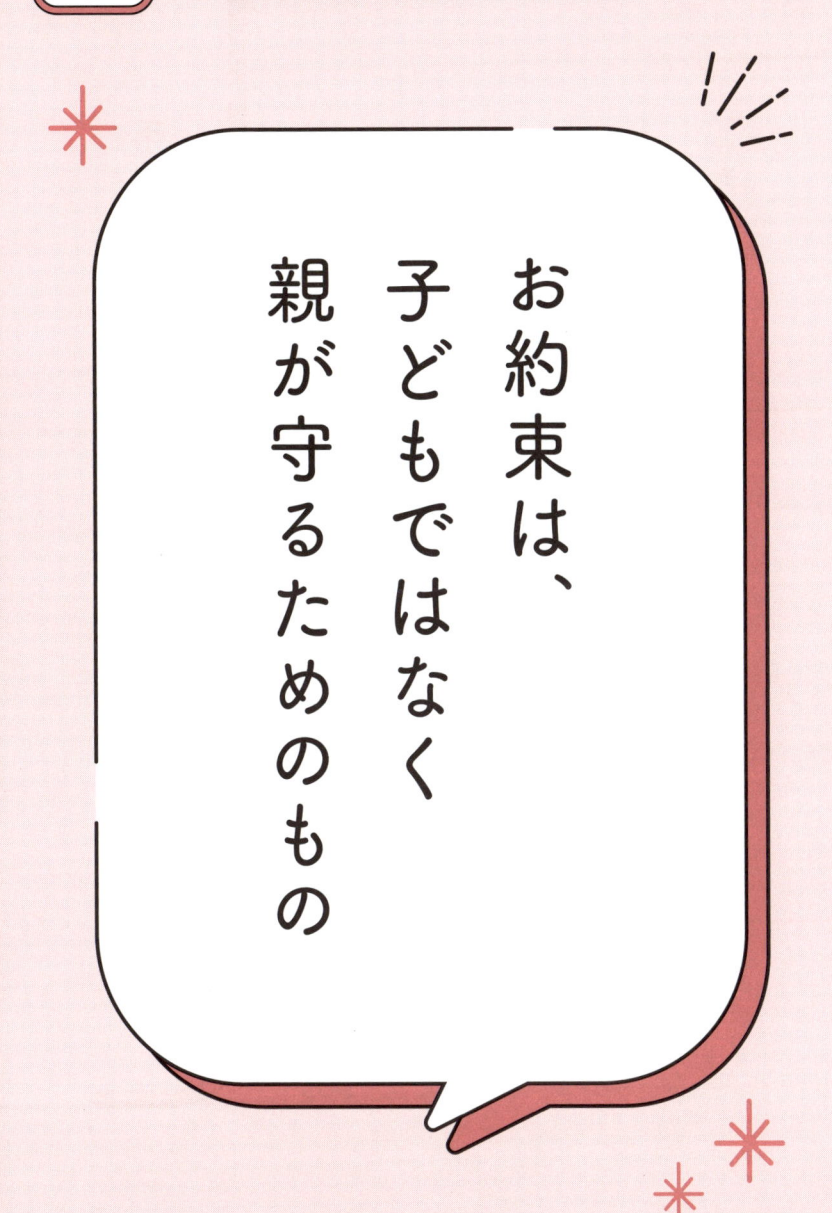

手をつないでくれない時の声かけ

どの指でつなぐかを選ばせてあげると、すんなりつないでくれることもあります。子どもの気持ちが「つながされる」から「つなぎたい」に変わったら最高ですね！

声かけ例

「どの指でつなぐ？」

親「手をつなごう」
子「イヤ！」
親「あ、そうだ！　ねぇ、どの指でつなぐ？」
子「？」

親「お母さん指？　お兄ちゃん指？　お姉ちゃん指？」
子「……お母さん指」
笑顔で手を差し出す。
親「はい、どうぞ」
子ども、手を握る。

ポイント
① 効果音をつけてみると、効果アップ！
② アイテムを使って、自分から手をつなぎたくなるように工夫する

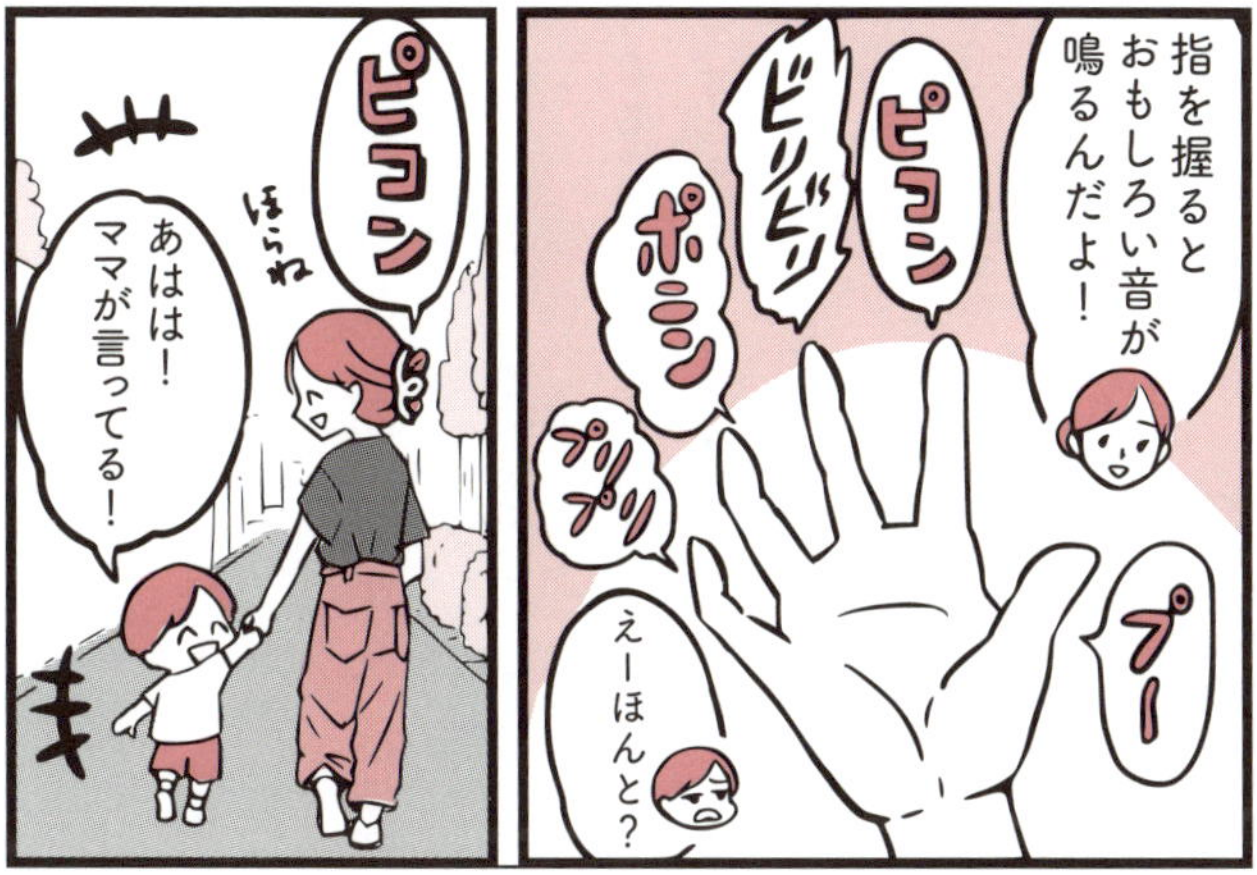

① 効果音をつけてみると、効果アップ！

「どの指でつなぐ？」と聞いた時に、もしお子さんがつなぎたがらなかったら、「あ、これね、指を握るとおもしろい音が鳴るんだよ！」と声をかけてあげると、つないでくれる可能性がＵＰしますよ。

親指は「プー！」、人差し指は「ピコン！」、中指は「ビリビリ！」など、指に合わせてさまざまな効果音を出してみましょう。

② アイテムを使って、自分から手をつなぎたくなるように工夫する

アイテムを使うのもおすすめです。例えばタオルを吊革に見立て、

「今からお家駅に行きます。大変揺れますので、この吊革におつかまりください」

と声をかけたり、

「このバッグ重い！　○○くん持つの手伝ってくれる？」

とバッグの持ち手を一部持ってもらって、手をつなぐ代わりにするなど、いろいろ身近なアイテムも試してみてください。

手が離れても、心は離さない

手を洗ってくれない時の声かけ

外から帰ってきた時や、食事の前など、手を洗ってもらいたい時はあると思います。そんな時におすすめなのが「バイキン語」です。

●声かけ例●

「おててが何かしゃべってる……」

親「手を洗おう」
子「イヤ!!」
親「ん？　おててが何かしゃべってる……ムニャムニャ……」
親「オナカイタイイタイシテヤルー！」
子「？」

親「大変！　手についてるバイキンさんが『オナカイタイイタイシテヤルー！』って言ってるよ！　すぐにやっつけに行こう！」
子「うん！」
2人で洗面台へ行って手を洗う。
親「アー！　ヤメテクレー！　テヲアラワナイデクレー！」
子「バイキンやっつけるよ！」
親「いい調子だね！」
親「セッケンハツカワナイデクレ！　オネガイダ！」
子「石鹸で洗っちゃお！」
親「タイヘンダー！　ユビノアイダニニゲロー！」
子「指の間も洗っちゃお！」
親「チクショウ〜ナガサレル〜……」

ポイント

❶ バイキン語は声色を変える
❷ 水道で遊んでしまう時は、タオルに意識を向ける

❶ バイキン語は声色を変える

バイキン語の時の声と、ママが話す時の声は、違う声色を使ってみましょう。バレてもOKです。楽しければ子どもは動いてくれます。ですから、自由に声色を変えて、ユーモアを持って声かけしてみましょう。

❷ 水道で遊んでしまう時は、タオルに意識を向ける

手洗いに興味を持ってくれたはいいものの、お水で遊ぶのが楽しくなって、今度は手洗いをやめてくれなくなってしまった、なんて場面もあると思います。

そんな時におすすめなのが「タオルに意識を向ける」ことです。

例えば、タオルの匂いを嗅いで**「ん？　このタオルいい匂いがする！」「イチゴの匂いがするみたい！」**といった声かけをするのも、ひとつの手です。

子どもは、指示よりもユーモアのほうがすんなり動く

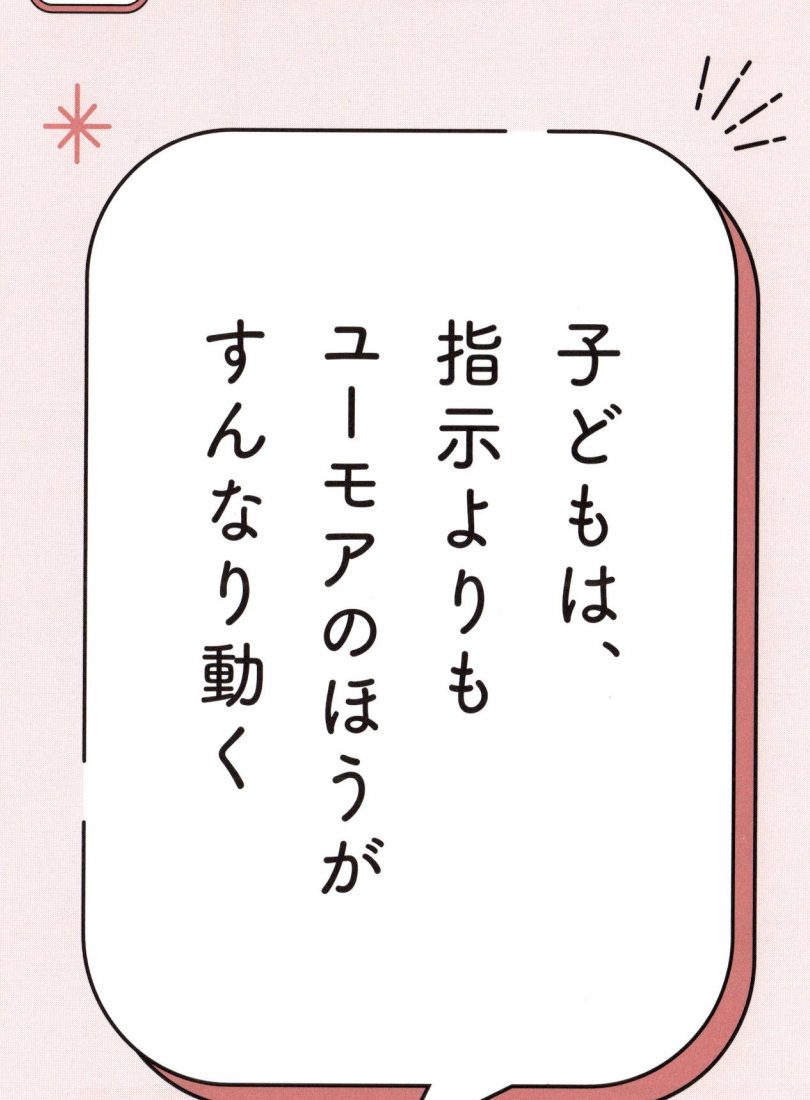

片付けの時の声かけ

片付けたくない、というお子さんには「役割」を与えてあげましょう。普段は大人しかできない特別な役割を与えてあげると、やる気スイッチがカチッと入ることも多いですよ！

●声かけ例●

「このおもちゃ消毒するの手伝ってくれない？」

親「お片付けしよう」
子「イヤ！」
親「あ、そうだ、ママこのおもちゃ消毒しようと思ってたんだ」
子「？」

フキフキ……。

親「〇〇くんもおもちゃ消毒するの手伝ってくれない？　大人しかできない特別なお仕事なんだけど……」

子「え？　いいよ！」

子どももおもちゃを拭く。

親「拭けたらおもちゃ箱に入れておいて」

子「はーい」

ポイント

❶「特別なお仕事」と伝えてやる気をくすぐる

❷本当の消毒でなくても、水拭きでも乾拭きでもOK

❶「特別なお仕事」と伝えてやる気をくすぐる

子どもが「やりたい」と言った時に、すぐにやらせずに「どうしよっかな〜」「これ、大人しかできない特別なお仕事なんだけど……」と言って、少しじらしてから「う〜ん……いいよ！」と伝えることで、子どものやる気がアップ！

より一生懸命お片付けを頑張ってくれるようになります。ぜひ試してみてくださいね！

❷ 本当の消毒でなくても、水拭きでも乾拭きでもＯＫ

「消毒液を子どもに触らせるのは心配……」という方もいると思います。

そんな方は、空のスプレーに水を入れて、消毒のようにお子さんに自由に使わせてあげたり、消毒や水を使わなくても、おしりふきや乾いたタオル、ハンカチで拭くというやり方でも十分できますよ！

また、本来の目的は消毒ではなくお片付けなので、上手に拭けていなくてもＯＫにしてあげてください。ご家庭に合ったやり方で、楽しくお片付けをしてみてくださいね。

子どもは、「特別なお仕事」でやる気に火がつく

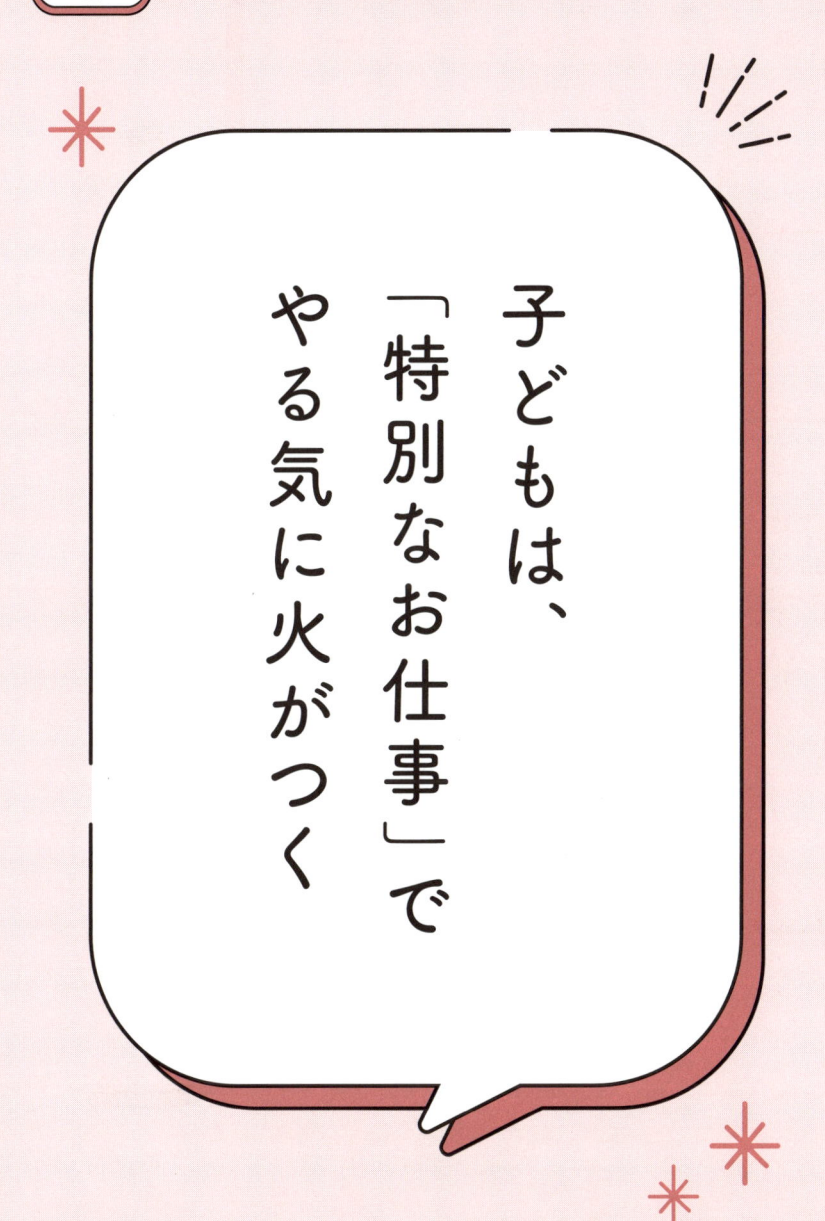

静かにしてくれない時の声かけ

静かにしてほしい時に、なかなか静かにしてくれないと困ってしまいますよね。
そんな時は、「もっと楽しいこと」を用意して興味をひくのも作戦のひとつです。

●声かけ例●

「息止め対決しない？」

親「静かにして！」
子「イヤ！」
親「あ、今から息止め対決しない？」
子「？」
親「いくよ！　よーいスタート！」

子ども、息を止める（静かになる）。

親「1、2、3……。すごい……ずっと息を止めてる……。11、12、13……」

子ども、こっそり息をする。親は気づかないふりをする。

親「25、26……すごい……まだ息を止めていられるなんて……。おぉ！　30秒も静かにできるなんてすごいね」

ポイント

① ズルしてもOKにしてあげる

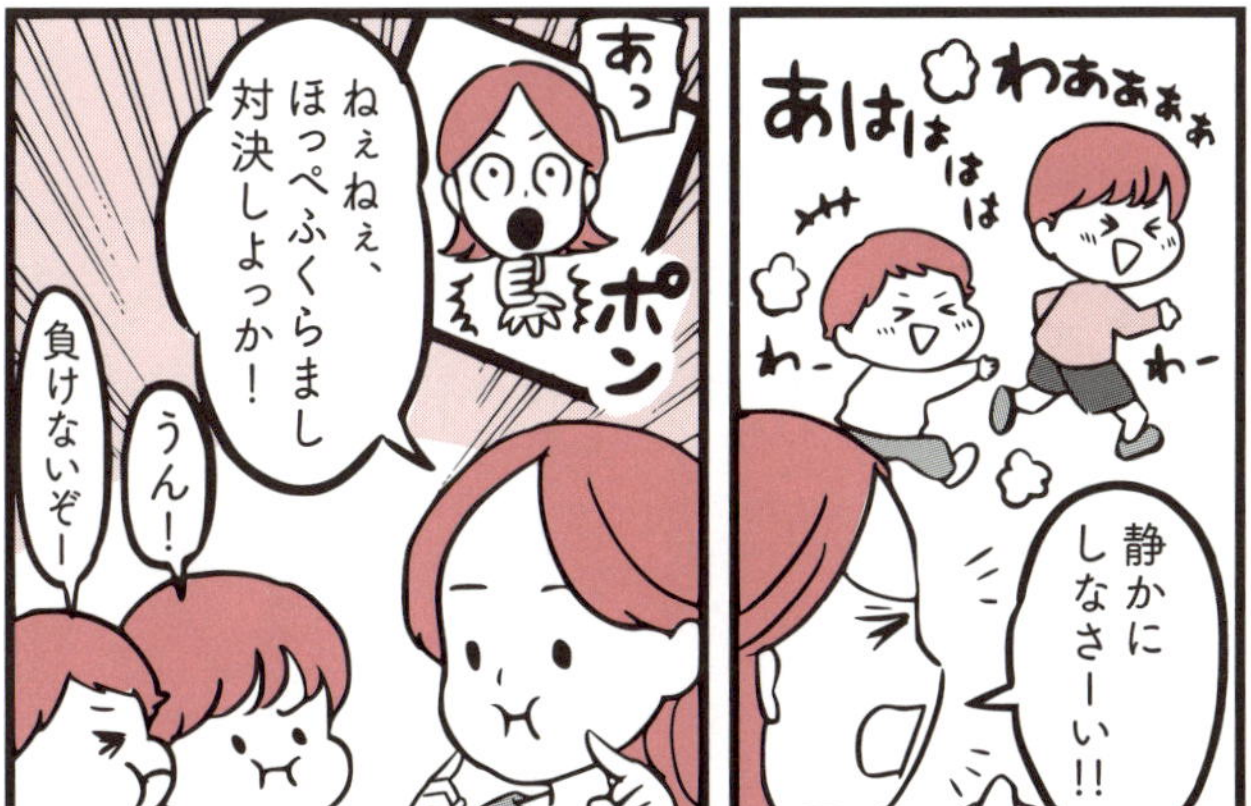

❷ 静かにする理由は、ほめながら伝える

❶ ズルしてもOKにしてあげる

「息止め対決だと、息ができなくなったらすぐに終わっちゃうんじゃないの？」と思うかもしれませんが、こっそり息をしてもOKにしてあげてください。

目的は息を止めることではなく、静かにすることです。

ズルしたくない！　という子は「ほっぺふくらまし対決」にしてあげましょう。

❷ 静かにする理由は、ほめながら伝える

「静かにしなければいけない理由をきちんと伝えたり、注意したりしなくていいの？」と思う方もいるかもしれません。

たしかにそれも大切なことですが、騒いでいる時に注意をするよりも、静かにできた後に「静かにしてくれたおかげで、みんなが気持ちよく過ごせるよ。ありがとう」とほめながら伝えることで、より理由も伝わりますよ。

子どもと真正面から
ぶつからなくてもいい

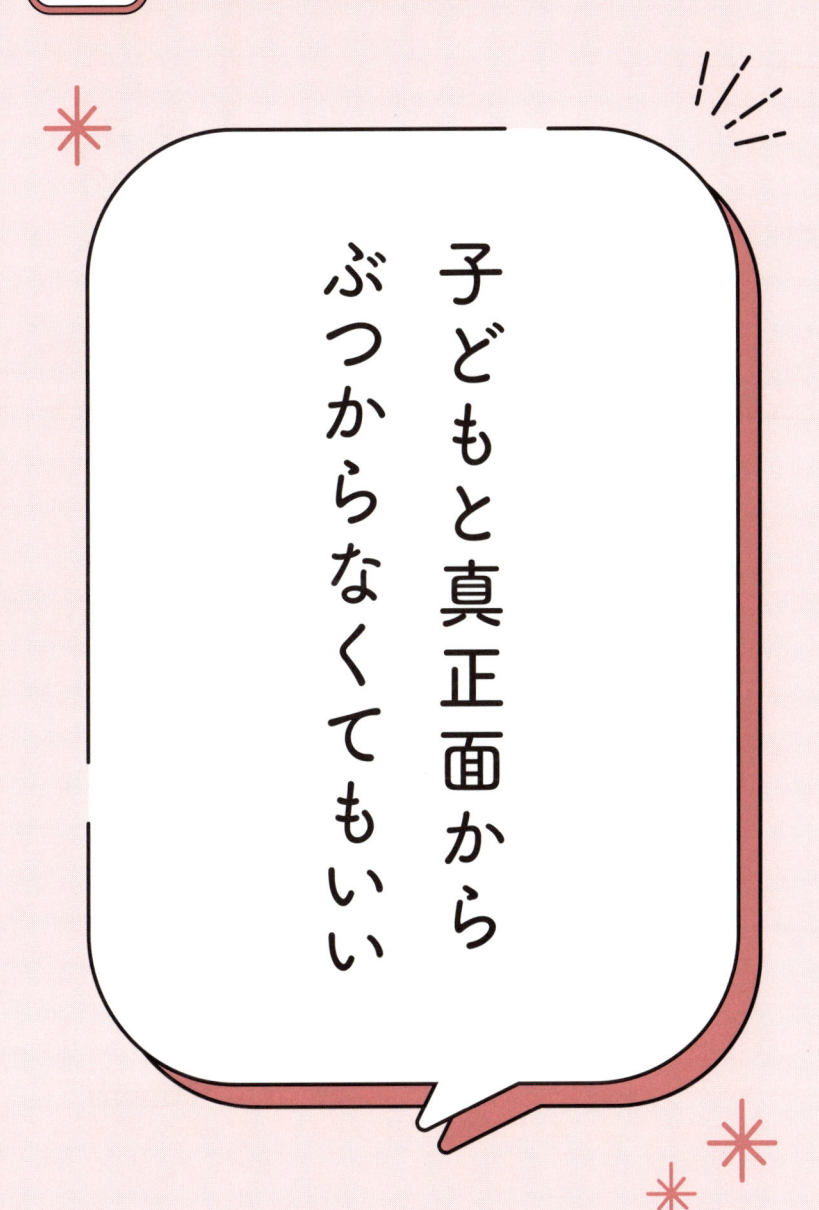

子どもがゲームや動画をやめてくれない時の声かけ

ゲームや動画は楽しいから、やめ時が分からないですよね。
そんな時は、お子さんのやっているゲームや動画に興味を持ったり、話を聞いてあげたりすると、すんなりやめてくれることもありますよ！

●声かけ例●

「何それ!?　楽しそう！」

親「ゲームはもう終わりだよ」
子「イヤ！」
親「え～！　何それ!?　楽しそう！」
子「？」

親「どんなキャラクターがいるの？」
子「○○と、○○だよ！」
親「すごーい！　どういうゲームなの？」
子「すごいでしょ！　○○なゲームだよ！」
親「へぇ〜そうなんだ〜！　ママも一緒にやってもいい？」
子「え？　いいけど」
一緒にゲームをやる。
親「楽しいね！　でもこれさ、途中でやめるのイヤだよね？」
子「うん」
親「じゃあ、最後まで終わったらご飯食べよっか」
子「うん」

ポイント
① 子どもの予想を裏切る

❷ 子どもと一緒に、やめるタイミングを決めておく

❶ 子どもの予想を裏切る

子どもは、「ゲームばかりしていたら、ママはこう言ってくるだろうな」という予想をします。「ダメ」「もう終わりだよ」「お約束したでしょ」などなど……。

でも、まさか「何それ？　楽しそう！」とか「一緒にやってもいい？」なんて言うとは思いません。そこに「意外性」が生まれ、自分の好きなことに興味を持ってくれるだけで、こちらの話を聞こうという姿勢をとってくれやすくなりますよ！

❷ 子どもと一緒に、やめるタイミングを決めておく

話を聞いてくれない時は、それが子どもの「タイミング」ではないのかもしれません。あなたも、映画を見ている時にクライマックスで突然「はい、終わり」と言われても納得できませんよね。

ですから、あらかじめどのタイミングだとやめやすいのかをお子さんと一緒に考えてみるとスムーズにやめてくれることもあります。

子どもは、自分が好きなものを好きになってくれる人を好きになる

歯みがきを嫌がる時の声かけ

歯ブラシをしゃべるタッチペンに見立て、歯の汚れよりも先に恐怖を取り除いてあげましょう！

●声かけ例●

「これ、魔法の歯ブラシなんだ」

親「歯をみがこっか」

子「イヤ！」

親「実はこの歯ブラシ、魔法の歯ブラシなんだ。やってみるね」

歯ブラシの柄をタッチペンのように持ち、腕をタッチする。

親「ウデ」

親「ほら！　しゃべった！」
子「？」
親「次いくよ？」
子どもの腕に歯ブラシの柄をつける。
親「ウデ」
親「ほら！　しゃべった！」
子「え〜ママが言ってるよ！　分かってるよ！」
子どものいろいろな部位にタッチする。
親「カタ、ホッペ、クチ」
親「じゃあ今度は歯にタッチしてみるね！」
歯ブラシを逆に持ち、毛がついたほうで歯をみがく。
親「歯、歯、歯、ハハハハハ！　上手にみがけたね！」

ポイント

❶ まずはママがやってみる
❷ 最初は口から遠いところからタッチする

❶ まずはママがやってみる

子どもにいきなり歯ブラシでタッチすると、驚いて嫌がってしまうこともあります。ですから最初は、ママ自身が自分の体に歯ブラシの柄をつけて「ウデ」「カタ」としゃべることで、子どもは安心して体にタッチさせてくれます。

❷ 最初は口から遠いところからタッチする

❶をやったとしても、いきなりホッペや口に歯ブラシの柄をつけると、嫌がられてしまうことも。最初は口から遠い手や肩からタッチして、だんだんと口に近づけていくのがポイントです。

歯みがきは、歯の汚れよりも先に恐怖を取り除いてあげる

お風呂に入ってくれない時の声かけ

この声かけは事前の準備が必要です。
お風呂に入れてもいいおもちゃをあらかじめ冷凍庫で凍らせておいて、お風呂の時間になったらお子さんに助けてもらいましょう。

声かけ例

「あ！　おもちゃさんが凍ってる！」

親「お風呂入って」
子「イヤ！」
親「あ！　大変、おもちゃさんが凍っちゃってる！」
冷凍庫を開けると、あらかじめ凍らせておいたおもちゃが入っている。

親「このおもちゃさんをあたためてあげなきゃ……どうしよう……。あ！　そうだ！　○○ちゃん、このおもちゃさん、お風呂であたためてあげてくれない？」

子「いいよ！」

親「ついでに○○ちゃんも一緒に入ってあげて」

子「うん！」

ポイント

❶ママの分のおもちゃを入れておくと、さらに楽しめる

❷ 出る時は、お手伝いをしてもらう

❶ ママの分のおもちゃを入れておくと、さらに楽しめる

お子さんのおもちゃだけでも十分なのですが、ママの分のおもちゃも入れておくことで、親子で一緒にお風呂でおもちゃをあたためるきっかけづくりになります。お子さんはママと一緒に何かをするのが大好きなので、ぜひ、こちらも試してみてください。

❷ 出る時は、お手伝いをしてもらう

一度入ると、今度は「出たくなーい」となることもあると思います。そんな時は、お手伝いをしてもらうのがおすすめです。

「ママの体、タオルで拭いてくれる？」「ママの代わりにお風呂のお湯を抜いてくれる？」というように、お手伝いをお願いすると、すんなり出てくれることもありますよ！

子どもの体をあたためる前に子どもの心をあたためる

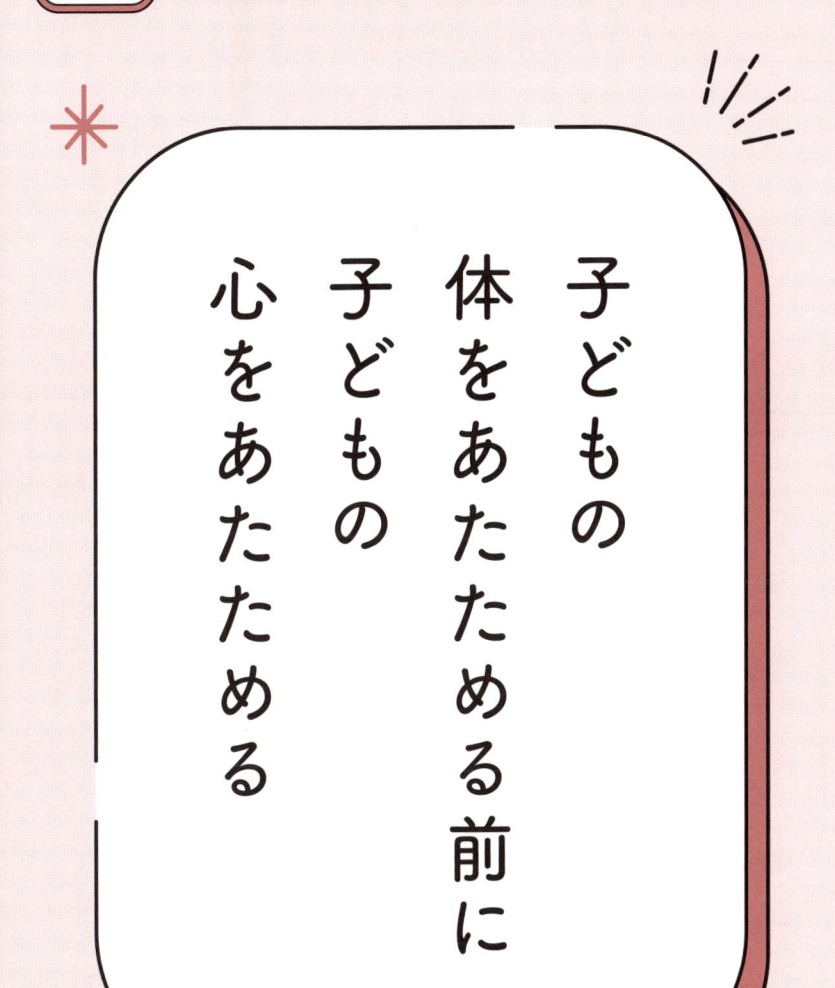

髪を乾かしたがらない時の声かけ

ドライヤーで髪を乾かすのって、時間もかかるし、子どもにとっては音も大きいから嫌がる子も多いですよね。そんな時は、あなたがドライヤー屋さんになって、楽しく髪を乾かしちゃいましょう。

●声かけ例●

「ドライヤー1回10円でーす」

親「髪乾かすよ」
子「イヤ！」
親「ドライヤー1回10円でーす。いかがですか～？」
子「？」

親「あ、お客様、いかがでしょうか？　現在、限定1名様、半額サービスとなっておりますが」

子「う〜ん」

親「もう一押しって感じですか……。分かりました、そうしましたら、ドライヤー後の『高い高い』もサービスで付けさせていただきます！」

子「それならいいよ！」

親「ありがとうございます！　では、1本1本、心を込めて乾かします！」

ポイント

①本当の店員さんになりきって声かけをしてみる

②ぬいぐるみなどを並ばせる作戦で効果倍増！

①本当の店員さんになりきって声かけをしてみる

本当の店員さんになりきり、「いかにお客様に喜んでいただけるサービスを提供できるか」を考えて、特典を付けたり値引きしたりして交渉してみることで、お子さんもドライヤーをしてくれる可能性が高まります。お客様は髪様ですから。

② ぬいぐるみなどを並ばせる作戦で効果倍増！

それでもお子さんが髪を乾かしに来てくれない時は、ぬいぐるみや人形を並べ、髪を乾かすふりをしてみましょう。

例えば、あなたがラーメンを食べようと思った時に、ガラガラで誰もお客さんのいないラーメン屋さんと、行列のできるラーメン屋さん、どちらのラーメンを食べたいと思いますか？　きっと、行列のできるほうですよね。

今回の声かけも同じです。たくさんお人形が並んで順番待ちをしているほうが、乾かしたくなるのです。

もしも人形を出すのが大変な時は、誰もいなくても、やっているふりでＯＫ！ ぜひ、試してみてくださいね。

お客様には髪様のように接する

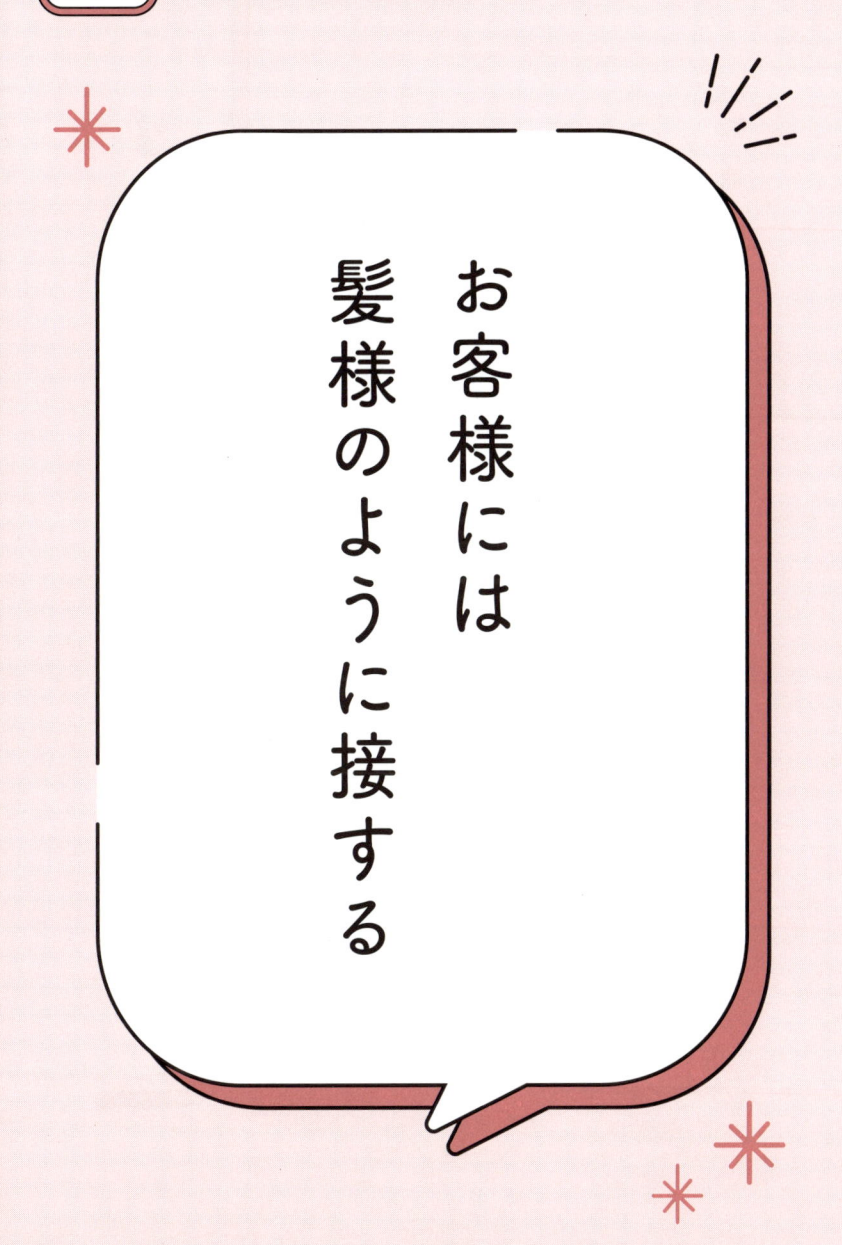

怒らなくても動いてくれる「先ほめの法則」

子どもが自分から動いてくれる魔法の声かけをお伝えしましょう。それが「先にほめちゃう」という作戦です。不思議なことに、先にほめるだけで、お子さんはその通りに動いてくれちゃうんです！

●声かけ例●

「○○くん、もう靴そろえちゃうの!?」

親子で外から玄関に入る。

親「あ、○○くん、もう靴そろえちゃうの？」

子「え？　うん！」

親「まだ脱いでないのに？　本当にそろえられちゃうのかな……」

子ども、脱いだ靴をそろえる。
子「ほらね」
親「え〜!!?　すごい！　本当に上手にそろえちゃった……」
子「すごいでしょ！」

ポイント
① 先手を打ってほめる
② 「○○名人」でさらにやる気アップ

① 先手を打ってほめる

子どもは、ほめてもらうのが大好きです。ですから、先にほめて

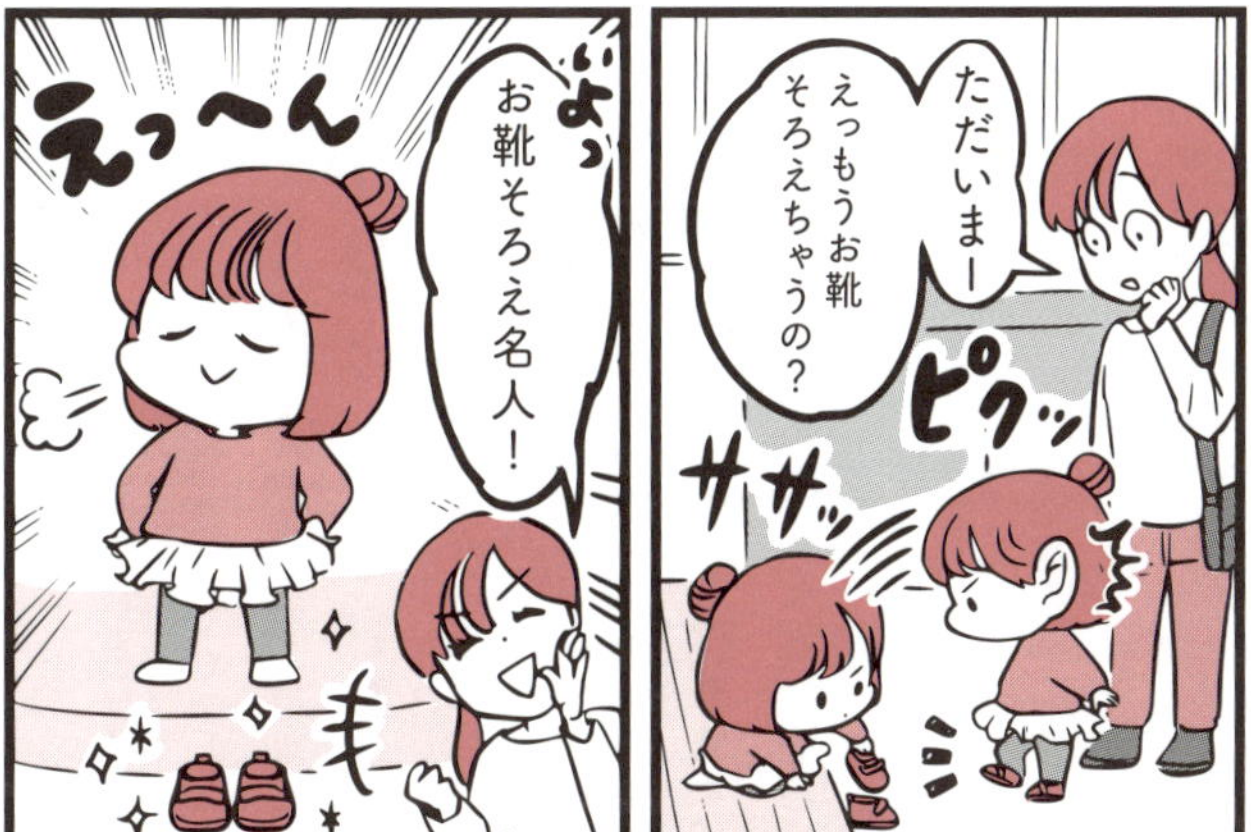

あげることで、その通りに動いてくれることも。

テストでたとえるなら、黒板に答えが書いてある状態。それを見て書き写すだけでほめてもらえるのです。すぐにやってくれそうじゃないですか？

先にやってほしい行動（答え）を提示することで、子どもはあっさりと行動してくれます。もちろん、できた時も同じようにうんとほめてあげてくださいね！

②「〇〇名人」でさらにやる気アップ

「お靴そろえ名人」「手洗い達人」「昆虫博士」など、称号を与えてあげるとさらにやる気がアップするので、これもおすすめです。子育ては、ほめたもん勝ちです。

「さすがお靴そろえ名人！　今日も上手にお靴をそろえられたね！」など、いろいろ工夫してみましょう！

子育ては、ほめたもん勝ち

でんちゃんの
1秒Q&A

Q
子どもがおやつを床に投げ捨てます。
でんちゃんならなんと声をかけますか？

A
あ、パパのになった

第3章

育児の裏技

～あなたの育児に役立つ言葉～

子どものことが理解できず、
育児がつらくなってしまう時ってありますよね。
この章では、子どもを理解し、
育児のつらさから抜け出せるような言葉をお伝えします。

育児のイライラを減らす裏技集

「育児のイライラをなくすにはどうしたらいいですか？」というご相談は、いろいろなママさんから、毎日メッセージボックスがパンクするくらいいただきます。

結論からお伝えすると、イライラをなくす方法はありません。怒りも大切な感情のひとつですからね。

でも、イライラを減らす方法はあります。

今回は、そんなイライラを減らす裏技を3つご紹介したいと思います。

① 次の日の洋服を着て寝る

朝イライラする原因のひとつが「お着替え」ですよね。

子どもをお着替えに誘う時間、洋服を選ぶ時間、着替える時間……。

この時間を、前の日に翌日の洋服を着て布団に入ることで、まるごとカットしちゃいましょう。

お着替え時間0秒！　その分、イライラする原因が取り除けるかもしれませんよ。

②靴下を同じものにしておく

同じ靴下を大量に持っておくのもおすすめです。

靴下のもう片方を探す手間も省けます。

「子どもに主体的に選ばせることが大切」という意見もあると思いますが、こうやって手を抜くことでイライラが減るなら、これもアリだと思います。

③園の用意を1週間分まとめてする

保育園や幼稚園の準備を、1週間分まとめてしてしまうのはどうでしょう。同じものを月曜日から金曜日まで5つ用意しておくのです。

「そんなことをしたらお金がもったいない」と思うかもしれませんが、考えてみてください。

例えば、1日の準備に10分かかるとします。それが1か月で登園日が20日だとすると、1年間で10分×20日×12か月＝2400分、つまり年間40時間かかる計算になります。

これを短縮できると考えたら、準備するお金よりも、とても大きな価値があると思いませんか？　しかも、朝のイライラが減るおまけつきです！


いかがでしたか。

「こんな育児ありえない」と思う方もいるかもしれません。

その通りです。ありえない育児ですよね。


でも、選択肢のひとつとして、こういうやり方があるということを知っておくだけでも心持ちは変わってきます。

「手を抜かない育児」も素敵ですが、イライラを減らすために「ズルいくらい手を抜いてでも我が子に優しくなれる育児」があることも知っておいてくださいね。

頑張る育児は心の規律を生み、頑張らない育児は心の余裕を生む

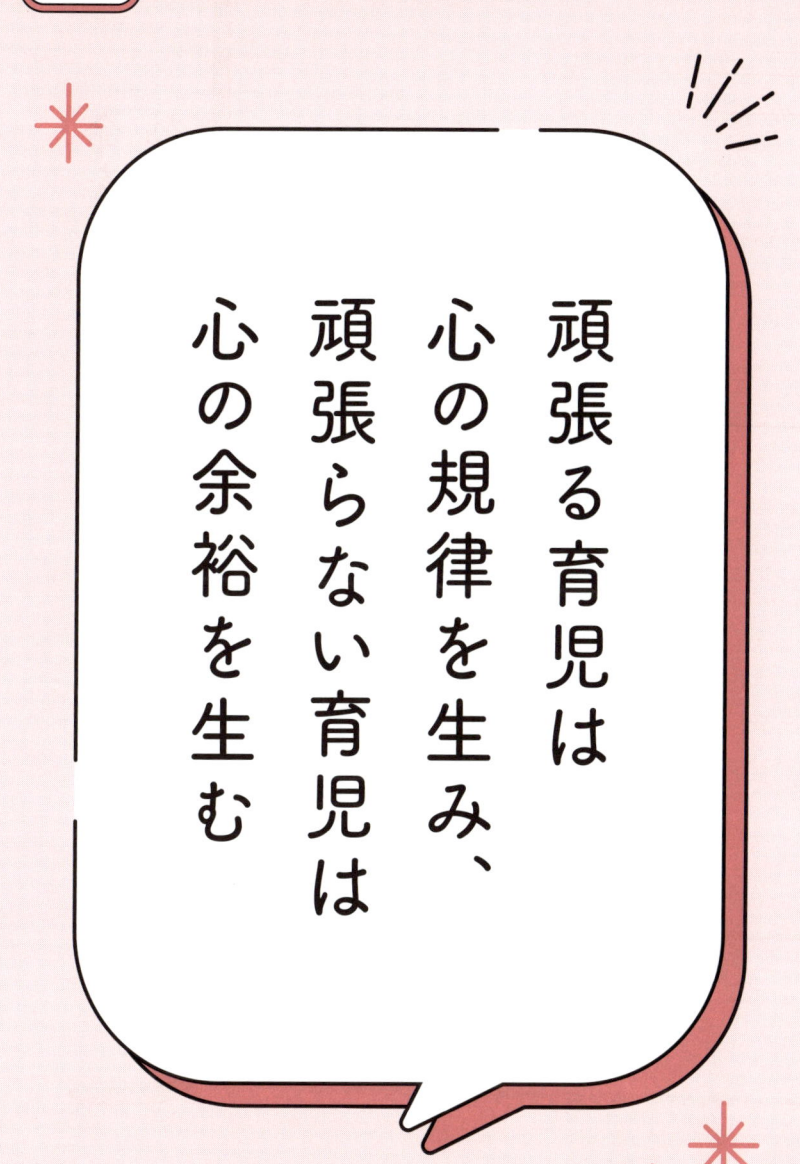

命を守るためには、注意よりも遊ぶほうが効果がある時もある

子どもが危険なことをしたら、あなたはどうしますか。

大前提として、危険な時に注意をするのは命を守るためにとても大切なことです。

しかし、注意だけでは夢中になっている子どもの耳に届かないこともあります。

例えば、道路に飛び出してしまう子がいるとしましょう。

その時に、ママが「ストップ！」と言ったら反射的に止まるという体になっていれば、いざという時に命を守ることができます。

「ママがストップと言ったら動きを止めるんだよ！」と何度も注意しながら伝えるよりも、ゲームにしてしまったほうが楽しく覚えられるのです。

普段の生活や公園で遊ぶ時に、

「ママが『ストップ』と言ったら止まって、『ゴー』と言ったら動いてね」

という「ストップ&ゴーゲーム」（だるまさんが転んだのようなゲーム）をしたり、

「『ストップ！』と言ったら止まって『ステップ！』と言ったら踊ってね」

というような「ストップ&ステップゲーム」にしてみると、ストップ」と言ったら反射で止まるということを体で覚えることができます。

また、育児で大切なのは「何を言うか」よりも「誰が言うか」です。

子どもは、普段から子どもの行動を否定する人よりも、自分の好きなことを否定せずに聞いてくれたり、一緒に遊んでくれたりする人の言葉に耳を傾けます。

例えば、あなたの趣味がネイルだとします。

「爪の色なんか変えてなんの意味があるの？」と言う人よりも「わぁ！　そのネイルかわいいいね！」と言ってくれる人の話のほうに耳を傾けたくなりますよね。

子どもも注意や指示ばかりする大人よりも、普段から自分の話に興味を持って聞いてくれる大人の話のほうが、いざという時にも耳に入りやすいのです。

とはいえ、意識をしていてもつい注意ばかりしてしまうこともあると思います。

そんなママがダメかというと、そんなことは決してありません。

注意をすることも、一緒に遊ぶことも、命があるからこそできることなのだから。

何を言うかよりも、誰が言うか

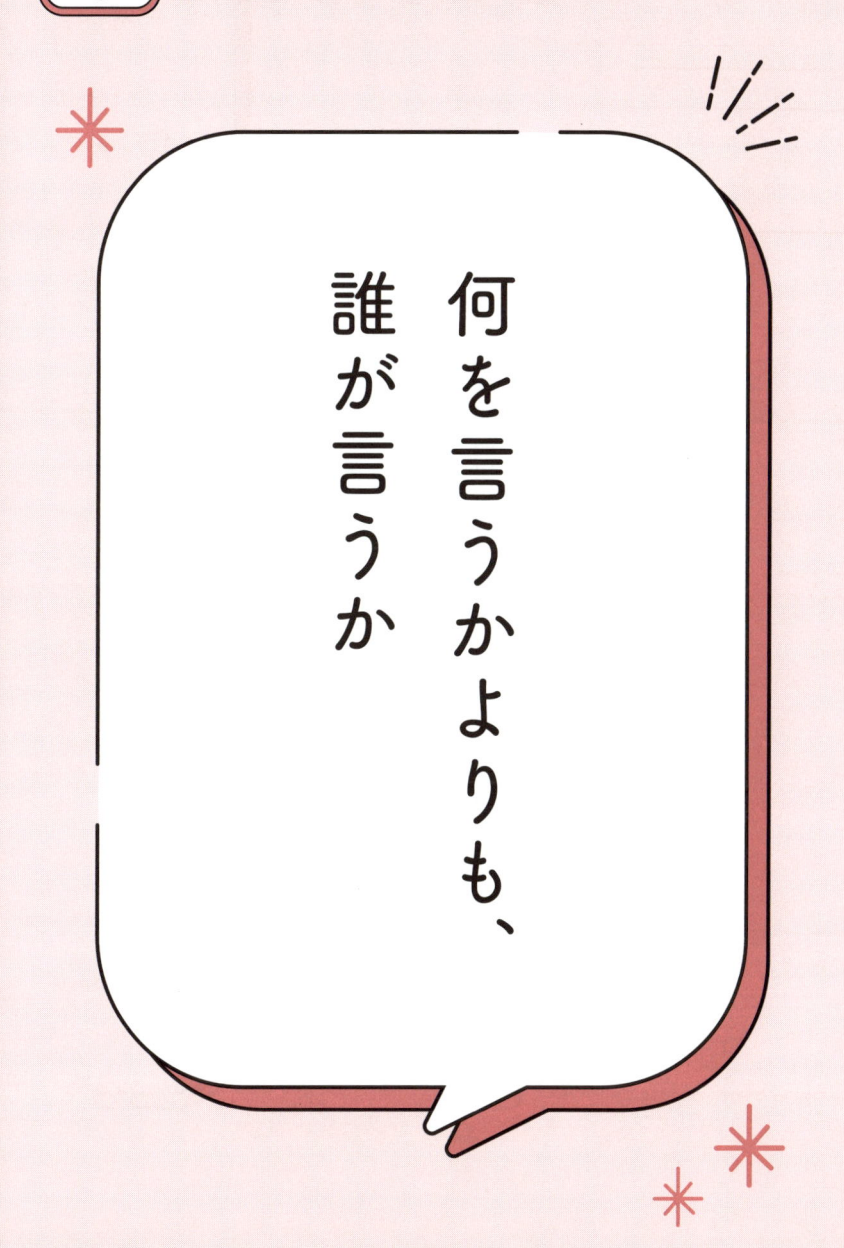

待てない子がずっと待っていられる方法

育児をしていると、お子さんと一緒に待つ場面がたくさんあるかと思います。飲食店、病院、電車……などなど。

そんな時に「静かに待っていなさい！」と伝えてもなかなか言うことを聞いてくれないと、困ってしまいますよね。

ガマンが足りない子のように感じるかもしれませんが、**それはガマンが足りないのではなく、いろいろなことに興味があるけれど、それを満たせずに退屈になってしまっているだけだと思います。**

そこで、そんな時に使えるゲームを5つご紹介します。

① トマトマトゲーム

「トマト、トマト、トマトマト」と言って、その言葉をお子さんに真似して言ってもらいます。

「トトマト、トトマト、トマトマト」といろいろなバリエーションでやってみてください。

どこまでついてこられるかな？

❷ さかさまゲーム

「リア」と言ったら「アリ」。「トスポ」と言ったら「ポスト」というように、さかさまの言葉を正しい言葉に直してもらうゲームです。

最初は2文字から始めて、だんだん文字数を増やしていってみてください。

❸ たぬきゲーム

たぬきの真似をしながら「タイタス」「タマタド」「タトタケタイ」と「タ」を抜いたらどんな言葉になるか当ててもらうゲームです。

難しい場合は、「タ」以外の言葉を強調して言うと分かりやすくなります。

④ お歌交代ゲーム

好きな歌を歌って、自由なタイミングで「はい」と言って交代するゲームです。「どんぐり　コロコロ　ドンブリコ、はい！」「お池にはまって……」といった具合です。

いろいろな歌やタイミングで交代すると楽しいですよ。

⑤ 私は誰でしょう？ クイズ

テーマを決めて、誰のことを言っているのかを当てます。

例えば、テーマが「キリン」なら「私は動物園にいます」「私は首が長いです」といった具合です。

待つ時に大切なのは、ガマンよりもワクワクです。

気がついたら、長い時間待つことができていますよ。

本来お子さんを怒ってしまう場面で、「たくさん待てたね」とほめることができたら最高ですね！

待てない子に必要なのはガマンよりもワクワク

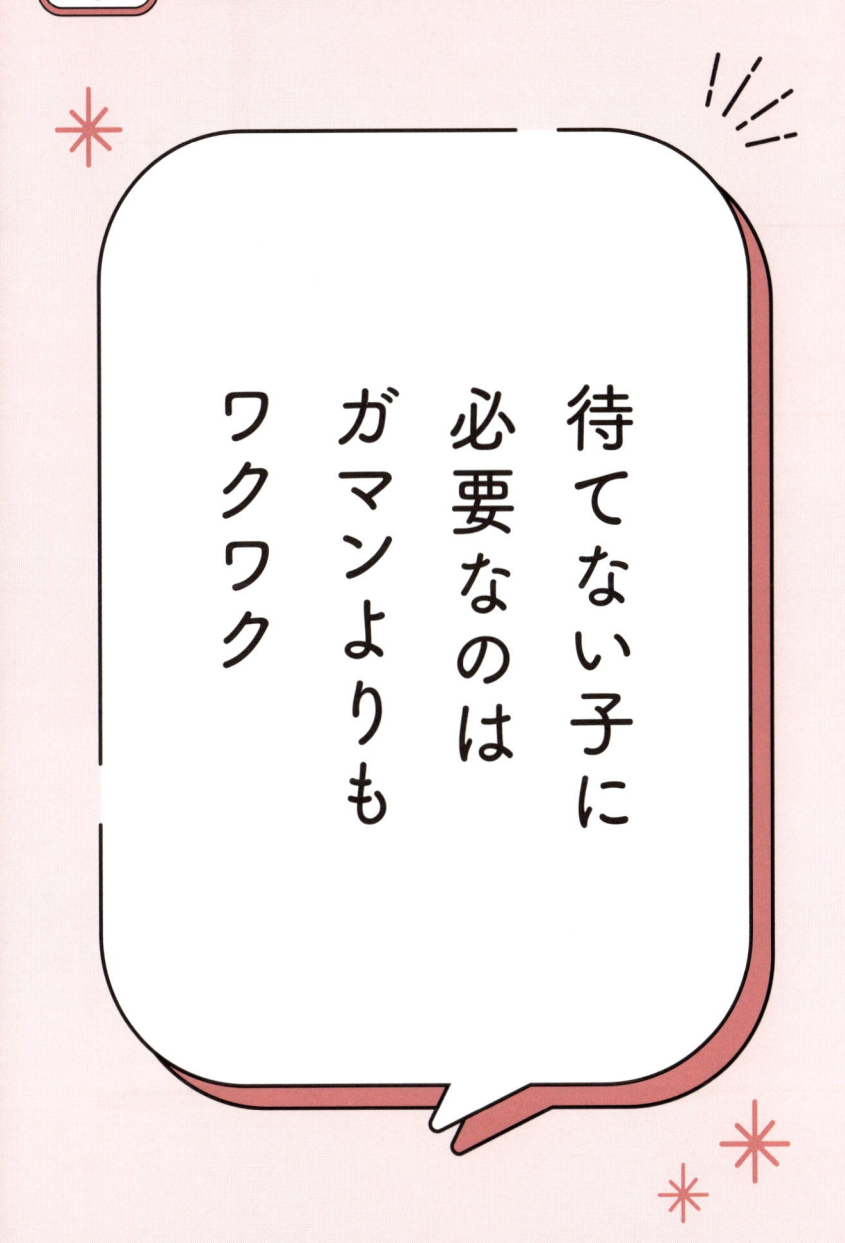

すぐに泣く子が強くなる言葉

お子さんがすぐに泣く姿を見ると、ガマンが足りない弱い子のように見えるかもしれませんが、そんなことはありません。

泣いて気持ちを表現できるというのはとても素敵なことですよ。


また、子どもが泣くのは、ぐーんと成長している最中ということです。

たとえるなら、泣いている時のお子さんは靴を脱いでいる途中です。

靴は成長するときつくなって、足が痛くなってしまいますよね。そうなったら、その靴を脱いでもっと大きな靴をはく必要があります。


靴が小さいまま歩き続けると、涙が出ることがあるかもしれません。

でもその涙は、次に大きな靴をはくために必要な涙です。

だから、今後あなたのお子さんが泣いた時は、「あぁ、この子は新しい大きな靴をはくために頑張っているんだな」と思うようにしてあげてください。

あなたのお子さんはこれから、涙を流すたびに何度も何度も靴をはきかえ、さらに遠くへ歩いていけるようになります。

そうしたら、お子さんに教えてもらってください。涙を流すことがなければ見ることができなかった、遠くで見た景色がどんな色をしていたのか。

新しくはいた、ピカピカのその靴の足音は、どんな音をしているのか。

靴をはきかえなかったら行けなかった場所で、どんな出会いがあったのか。

未来のお子さんのその言葉は、いずれあなたの宝物になることでしょう。


時には、ワガママに思えることがあるかもしれない。

時には、ウンザリすることがあるかもしれない。

でも、子どもの涙には、未来を輝かせるために、全部意味があります。

だから**「泣かないの」の代わりに「頑張ってるね」と声をかけてあげると、お子さんは救われるかもしれません。**


そして、それはあなたにも同じことが言えます。

母親は強くなければいけない、泣いてはいけない、助けを求めてはいけない。

そんなことはありません。

泣かないことが強いんじゃない。泣いて、頼って、また大きな靴をはいて、遠くの未来へ歩いていくことが、本当の強さだと僕は思います。

子どもが泣くのは、もっと大きな靴をはくため

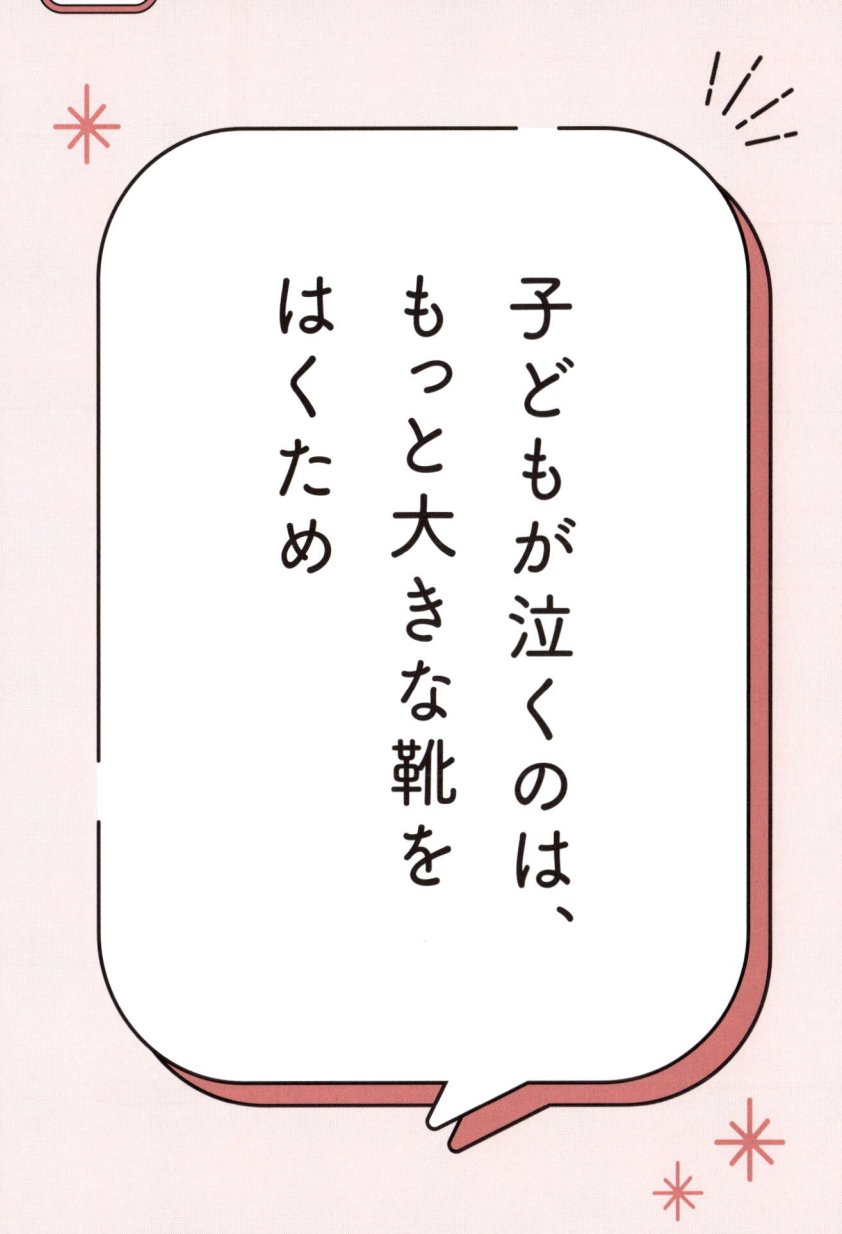

「パパ、イヤ！」「ママ嫌い！」と言われてしまったら

ことあるごとに「パパ、イヤ！」と言われたり、「ママ嫌い！」と言われたら、ショックを受けたり、子どもとかかわるのがイヤになる方も多いかと思います。
でもその言葉は、あなたのことが大好きだからこそ言える言葉なのです。

この言葉には「パパやママは、私が『嫌い』って言ったとしても、私のことを好きでいてくれるよね」「それでも私のことを見捨てずに育て続けてくれるよね」という意味が込められています。

それなのに、「嫌いなんだね！　じゃあもういい」とそのまま言葉だけを受け取ってしまうと、親も子もつらくなってしまいます。

だからそんな時は「そっか。〇〇ちゃんは嫌いだと思ったんだね。ママ（パパ）はそれでも好きだからね」とだけ、さらっと伝えてあげれば十分です。

また、パパに対して「ママがいい！」と言う子もいますよね。

パパとしては、子どもの気持ちを尊重してすぐにママに引き渡したくなりますが、この時には、お子さんの気持ちだけではなく、ママの気持ちも尊重してあげてほしいと思います。


なぜなら、ママも子どもと離れたい時があるからです。

それは我が子に愛情がないわけではなく、ずっと一緒にいるとしんどくなってしまう時があるのです。


ママが子どもと離れる時間は、ママが子どもにもっと優しくなるための大切な時間です。

だからこそ、パパは「ママがいい」という言葉だけに囚われずに、「パパもママが好きなんだ、気が合うね」と、もう少し粘る時があってもいいかと思います。

僕も、どれだけ子どもと一緒にいる時間が長くても、どれだけ子どもと一緒に遊んでも「ママがいい」と言われることはあります。

子どもはみんなママが大好きですからね。

だからといって、パパのことが嫌いなのではなく、本当はパパもママも大好きなのだと思います。


「パパ、イヤ！」「ママ嫌い！」

この言葉は、お子さんからあなたへの「信頼しています」のサインなのです。

子どもの「嫌い」は「信頼している」の裏返し

「死ね」という言葉を使う子はダメな子なのか

「死ね」という言葉は、絶対に使ってはいけない言葉です。

命というものを軽視して、相手を傷つける言葉。そして、相手の心の傷は、二度と消えないものになるかもしれません。


でも、あえて言います。

もしかしたら、その言葉を使って傷ついているのは、口にしたお子さん本人なのかもしれません。


「え?」と思いますよね。

「そんな言葉を使うほうが悪いのに」と思いますよね。

本当にその通りだと思います。

しかし、「死ね」という言葉の裏側にはどんな本音が隠されているのでしょうか。

もちろん状況にもよりますが、**僕はその言葉は、助けを求めている言葉のように感じるのです。**

もしも、その助けを求める逃げ道すらも大人がふさいでしまったら、いったいその子はどこに気持ちをぶつければいいのだろう。

もし僕が子どもなら、「そんな言葉は使ってはダメ」と釘を刺されたら、もっと大きな声でその言葉を使うでしょう。

それではどうしたらいいのか。

それは、「死ね」という言葉に囚われずに、話を聞いてあげることです。「何があったの？」「それくらいイヤな気持ちだったんだね」と。

もちろんその前に、相手には「傷つけてごめんね」と伝えてあげてください。

その子が言えなければ、その時はあなたが代わりに伝えるだけでも大丈夫です。

お子さんはお子さんのタイミングで謝ります。


本当にお子さんにその言葉を使わないようになってもらいたいのなら、**一時的に言わないように指導をすることよりも、その言葉を使ってしまう原因に目を向け、根本的に解決をしてあげることのほうが大切です。**

草を抜く時に、草だけをちぎるのではなく、根っこから抜いてあげるように。


その言葉に敏感になることがあるかもしれませんが、それを受け入れ、話を聞いてくれる大人がいさえすれば、お子さんは必ず、その言葉を使うことのない、優しい大人に成長していきますよ。

「死ね」という言葉を使う子の逃げ道をふさがない

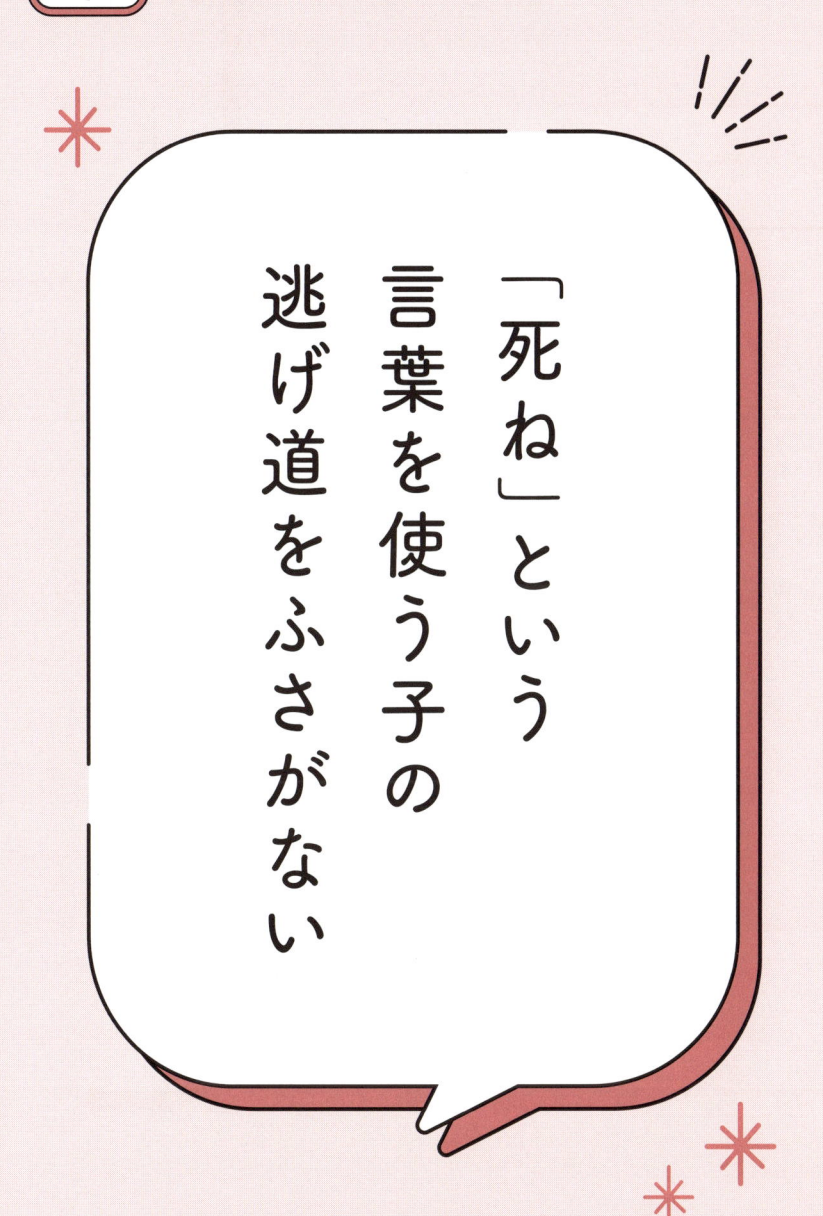

片付けができない子、ものをなくす子は天才

片付けができなかったり、すぐにものをなくしてしまう子のことを、だらしのない子だと思う方もいらっしゃいます。

しかし、僕はそういう子のことを天才だと思っています。

なぜなら、片付けもできないくらい、いろいろなものに興味を持つことができる、好奇心旺盛な子ですからね。

子どもはどんなことに対しても夢中で取り組みます。

周りの目なんか気にせず、とにかく目の前の「楽しい」「やりたい」に飛びついて、それだけで頭がいっぱいになる。ある意味、うらやましくもありますね。

しかし、大人になるにつれて、握りしめていたクレヨンは鉛筆になり、いつしかボールペンになっていきます。

そのたびに、「夢中」を画用紙に取り残し、「好奇心」をテストの裏側に置き去りにしていってしまうのかもしれません。

僕たち大人は、子どもたちに教えてもらうことでしか、それを取り戻すことはできないのだと思います。

片付けを忘れるくらい夢中になれるものとはどんなものなのか、ものをなくすぐらいワクワクできる魅力はいったい何なのかを。

僕は、我が子をお風呂に誘う前に、我が子にかける言葉を飲み込んで、積み木で何をつくるのかをこっそり覗いてみたり、ご飯に誘う前に、我が子を呼ぶ言葉をぐっとこらえて、こっそりどんな絵を描いているのかを見守ったりしています。

積み木でつくった保育園は、「お風呂だよ」と伝えていたら絶対に見ることがで

きなかった建物であり、クレヨンで描いた家族の絵は「ご飯だよ」と伝えていたら絶対に眺めることができなかった絵でした。

そこで1歩立ち止まったからこそ、積み木の話をしながらお風呂に入り、絵の話をしながらご飯を食べることができたのです。

そして、その周りに転がっている積み木やクレヨンのことを、僕は「夢中のかけら」と呼ぶことにしています。

その夢中のかけらは、必ずお子さんが将来何かに興味を持った時、大きな力となるでしょう。

だから、あなたも見つけてみてください。部屋中に散らばっている、たくさんの夢中のかけらを。

子どもは片付けができないのではなく夢中のかけらを散りばめている

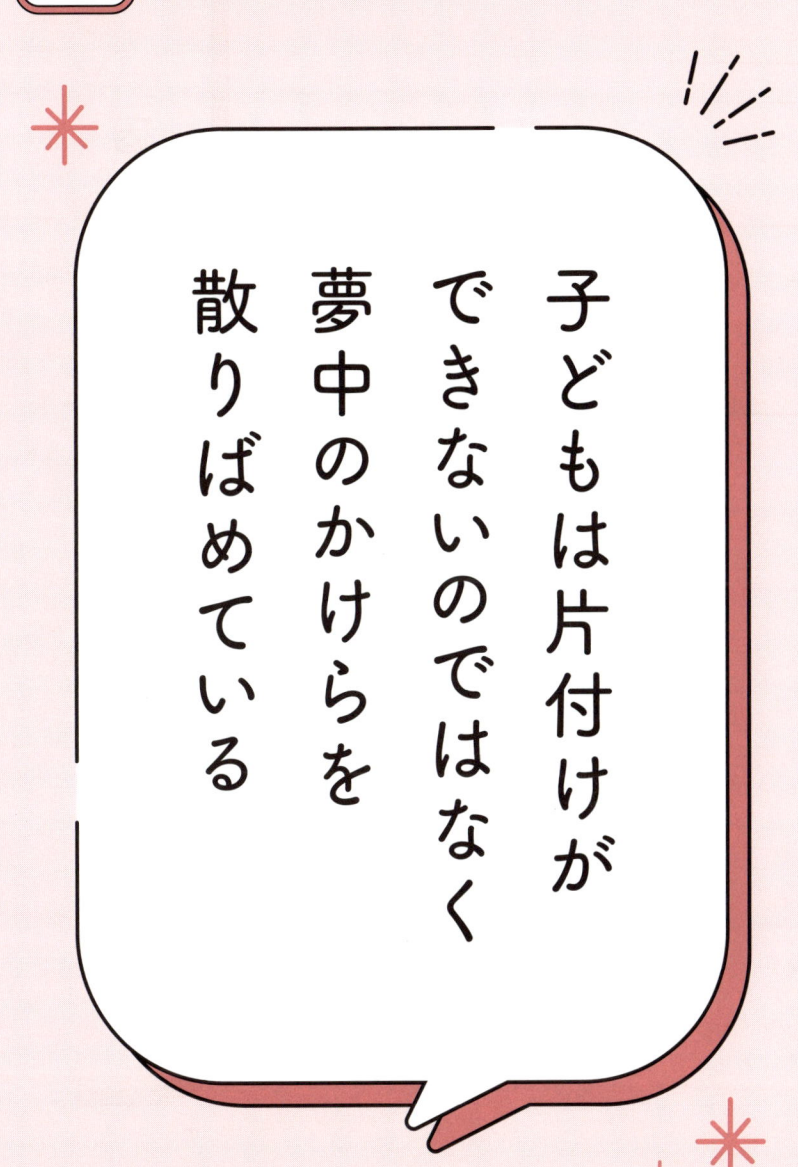

困った行動をする子が求めているもの

子どもって、登園中に急にしゃがみこんで地面を眺めだしたり、突然靴を脱いではだしになったり、水たまりに入ったりしますよね。

勝手に困った行動をとらないでほしいものです。

僕は、そんな時は無理矢理やめさせてもいいと思っています。お仕事に遅れてしまったり、その後の予定が変わってしまっては大変ですからね。


でも、それだけで終わりにしてはもったいない気もするのです。

だから僕は、そうしたことがあった次の休みの日には**「お散歩に行く」という目的でお散歩に行くことにしています**。その日は「お散歩に行く」以外の予定は入れないので、全部子どものペースに合わせます。

そして、我が子と同じ行動をとってみるのです。

子どもがしゃがみこんだら、一緒にしゃがんで地面を眺める。靴を脱いだら一緒に靴を脱ぐ。水たまりに入ったら一緒に水たまりに入る。

後先なんて考えません。「目の前の我が子」にだけ目を向けて、同じ行動をとってみる。すると、知ることができるのです。

我が子が拾っていた、ただの石は、石ではなく輝く宝石だったということを。

僕たちが歩いていた道は、コンクリートではなく砂漠だったということを。足を入れていたのは、水たまりではなく大きな水族館だったということを。

その時にようやく、**子どもの世界は、僕たち大人の見ている世界とは、全く別の世界だと感じることができます。**

忙しい「大人の世界」で生活をしている時は、とことん大人のペースで振り回してしまってもいいと思います。

しかし、時々でもいい。靴を脱がなくてもいい。「お散歩を目的としたお散歩」で、子どもの時間に合わせる時間をつくって、「子どもの世界」にお邪魔してみてもいいかもしれません。

お子さんにとってその時間は、最高のご褒美となるでしょう。

お子さんが困った行動をする瞬間は、もしかしたらワクワクを見つけた瞬間なのかもしれませんね。

お散歩のためのお散歩は子どもにとって最高のご褒美

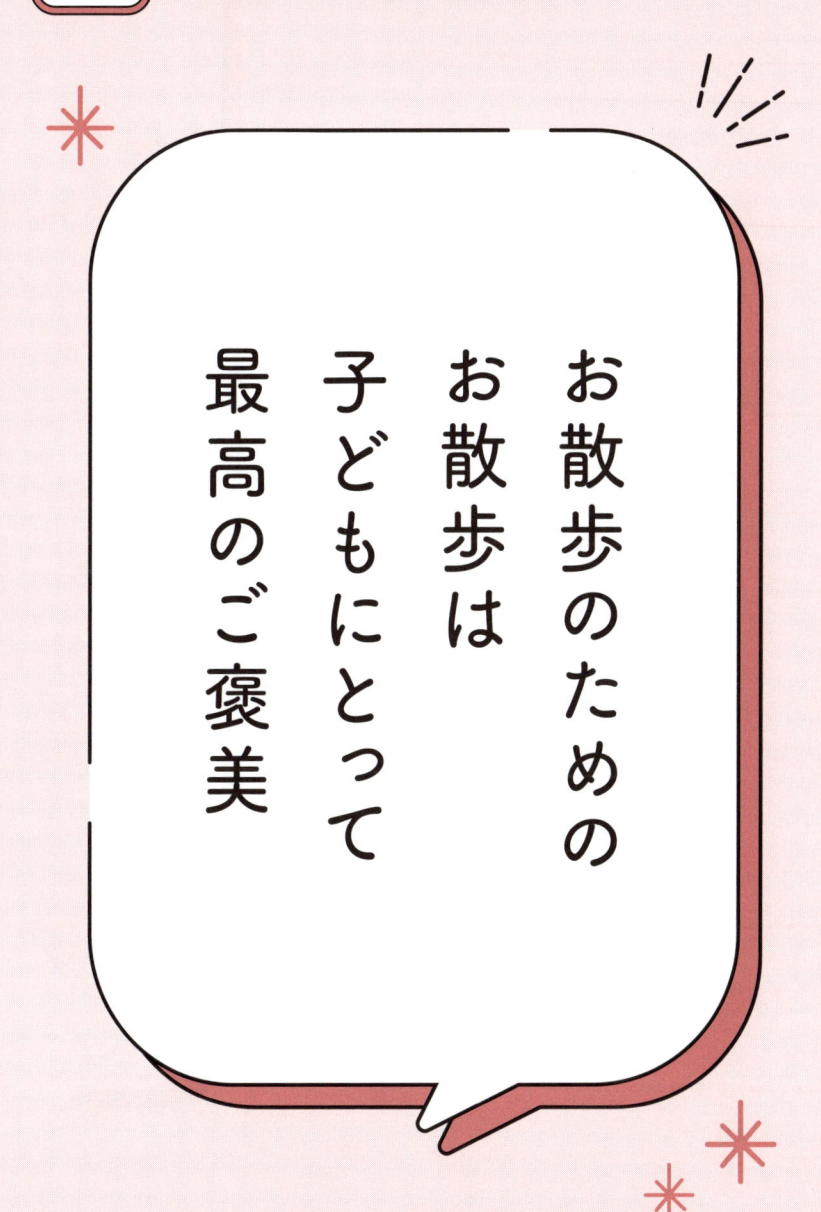

魔法のように子どもが動く3文字

あなたに、子どもが魔法のように動く3文字をお伝えします。

それは「**さらに**」です。

「え？」「たったこれだけ？」と思うかもしれませんが、この「さらに」という言葉を侮《あなど》ってはいけません。

すごい効果がありますから。


例えば、子どもがしぶしぶ手を洗っている時。

「手を洗うの上手だね！　指の間まで洗ったら、『さらに』清潔になっちゃうね」と伝えると、丁寧に手を洗ってくれるようになります。


イヤイヤご飯を食べている時。

「たくさんご飯を食べてるね！　お味噌汁も飲んだら、『さらに』大きくなれちゃうね」

と伝えると、ご飯をモリモリ食べてくれるようになります。

めんどくさそうに勉強をしている時。

「この文字きれいに書けてるね！　他の文字もきれいに書いたら、『さらに』先生びっくりするかもね」

と伝えると、丁寧に文字を書いてくれるようになります。

このように、「さらに」はお子さんのやる気をアップさせることができます。なぜならこの言葉には、たくさんの意味が込められているからです。

「そのままでも素敵だよ」という、承認の言葉。

「あなたはよく頑張っているよ」という、労いの言葉。

「あなたならできる！」という鼓舞の言葉。

こういった言葉たちは、実は子どもたちが喉から手が出るほど求めている言葉なのです。

子どもたちは「頑張っていることを認められたい」「自分に価値を感じたい」という承認欲求を持っています。

この「さらに」という言葉は、今この瞬間、子どものやる気が上がるだけではなく、将来的にお子さんが自分という存在に価値を感じ、胸を張って自分の人生を生きていくために、必要な言葉なのです。

そんな言葉を、世界で一番好きな人からかけられたら、お子さんはどんな気持ちになるでしょうね。

だからぜひ、この「さらに」という言葉をたくさん使ってあげてください。

あなたからのその言葉は、必ずお子さんにとって、一生心に残る財産となるでしょう。

「さらに」という3文字だけで、子どもの人生が変わる

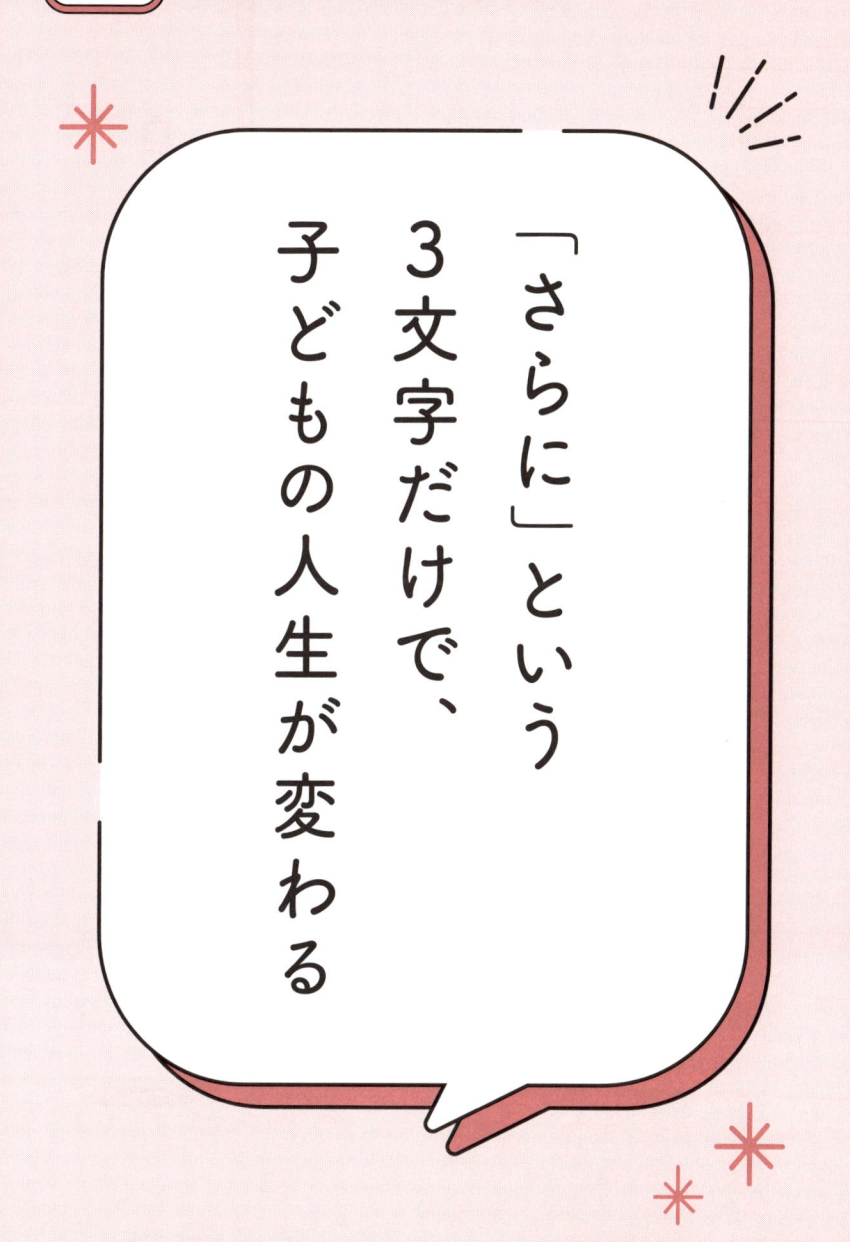

自己肯定感は「感謝」

子どもには、自己肯定感の高い子に育ってもらいたい。

そう思えるのは、とても素敵なことですね。

しかし僕は、自己肯定感は「空気」と一緒だと思っています。

空気って、とても大切なものですよね。でも「空気は大切だから吸いましょう」なんて、わざわざ言ったりする人は少ないと思います。

自己肯定感も同じで、大切なのは当たり前です。**「大切だから高めましょう」なんて言う必要はないのです。**

なぜならば、自己肯定感とは「ありのままの自分に価値を感じる」ということなのに、自己肯定感を高めるということは「もっと自分に価値を見出さなければいけない」と考えてしまっているからです。

あなたはそのままでいい。
お子さんもそのままでいい。
あなたにもお子さんにもそのままで価値があり、今のままで十分素敵なのです。

そしてもうひとつ。**自己肯定感とは「感謝」でもあります。**
空気に感謝をするように、当たり前にも感謝をするのです。

例えば、お風呂で体を洗う時に「髪の毛さん、今日も太陽から頭を守ってくれてありがとう」というように、自分の体に感謝をする。
他にも、子どもがたくさんご飯を食べたら、「ご飯をたくさん食べてくれた」と当たり前にやっているような行動にも感謝をすることができます。

そうすると、気がつくことができます。当たり前は、当たり前ではないということに。
自分やお子さんの存在そのものに、大きな大きな価値があるということに。

もしかしたらそのうち、当たり前にあなたの周りにある、空気にも感謝できるかもしれません。

また、壁などに、お子さんの「頑張っていること」を付箋に書いて貼ってみるのもいいですね。

頑張っていることが目に見えることで、お子さんも自分により価値を感じることができます。

あなたもお子さんも、自己肯定感は無理に高めようとしなくてもいい。そのままでいい。

そう思うことで、自然と自己肯定感は高まっていきます。

自己肯定感を高めたいなら、自己肯定感を高めない

「いたずら」は止めないほうがすぐやめる

子どもがいたずらをすると困ってしまいますよね。

お水、トイレットペーパーをいっぱい出したり、ご飯を床に投げつけたり、スプーンを床に落としたり……。

なぜそのような行動をするのかというと、子どもたちはこの世界の勉強をしているからなのです。

お水ってどんな感触なんだろう？

トイレットペーパーを出したらどうなるんだろう？

床にご飯やスプーンを落としたらどんな音が鳴るんだろう？

そうやって一つひとつのことを勉強しているのです。

ですから、それを止めてしまうと、余計にやりたくなります。

子どもは空白を嫌います。「○○をしたらどうなるんだろう?」と、頭に空白が出てきた時に、それを行動で埋めようとするのです。それが「いたずら」です。

大人でたとえるなら、映画の予告編。予告編を見ると、内容が気になってその映画が見たくなりますよね。そして「絶対にその映画は見ちゃダメ」と言われると、かえって見たくなります。

これは、子どもと同じように頭

……
よく水の動きを観察してるんだ……
ジャー
ジャー

に空白ができた状態ということです。

それではどうしたらいいのか。それは、**どんどんやらせてあげることです。**気が済むまでとことんやらせてあげる。そうすると、いつか満足してやらなくなります。実験が終了して、別のことに興味が移ります。

大丈夫。**無駄だと思えるような子どもの行動にも、全部意味があります。**

そしていつか、お子さんはいたずらをしてくれなくなる時がきます。どれだけお願いをしても、水も出しっぱなしにせず、トイレットペーパーもご飯もスプーンも、「正しく扱える」ようになってしまいます。

喜ばしいことですが、なんだか寂しくもありませんか？　だったら、いたずらをしている今のこの瞬間を、目に焼き付けてもいいのかもしれませんよ。

いたずらでかかるお金は教育費

育児を心から楽しむための言葉

本章の最後に、育児を楽しむ方法をお伝えします。

「育児を楽しむ」って、口で言うのは簡単ですが、実際に行動に移すのはとても難しいことですよね。

でも僕は、ある方法を実践したことによって、心から育児を楽しむことができるようになりました。

そのあることとは「べき」を捨てたことです。

この「べき」が僕を苦しめていました。

僕は、長女が生まれてすぐに、電磁波から長女を守る「べき」だと、アルミホイルでベビーベッドを囲んだこともありました。

長男に早期教育をする「べき」だと、フラッシュカードを毎日していたこともありました。

次男のオムツを早く取る「べき」だと、0歳からパンツをはかせたこともありました。

そういった行動が悪いわけでは決してありません。ただ、僕にとっては、それが自分のキャパシティを超えていたのです。

だから、僕はある日、背中に乗っていた「べき」を全部捨ててみることにしました。そのおかげで、僕は今の考えを持つことができ、ありのままの自分と我が子を愛し、周りと比べずに、背伸びをせずに育児をしています。

では、「べき」をどうやって捨てたのか。

僕が最初にやったことは**「べき」を「ま、いっか」という言葉に置き換えてみる**ということです。

口グセのように「ま、いっか」と口にすることで、持っていた悩みや不安は、実は大きなものではなかったと気づいたり、時間が解決してくれる、そうなった時に考えればいいと思うようになりました。

そのうち、どんな物事でも、捉え方を変えてみたらポジティブになることも知りました。

「当たり前」に疑いを持ち、「普通」「常識」という枠からはみ出して物事を考えるようになってからは、肩の荷が下りて、驚くほど育児が楽しくなったのです。

ですから、もしもあなたが育児を今よりも楽しみたいのなら、まずは、口に出してみてください。

「ま、いっか」

その瞬間、あなたが生きて培ってきた価値観が音を立てて崩れ、新しい世界が見えるかもしれませんよ。

「ま、いっか」と口に出すだけで育児はラクになる

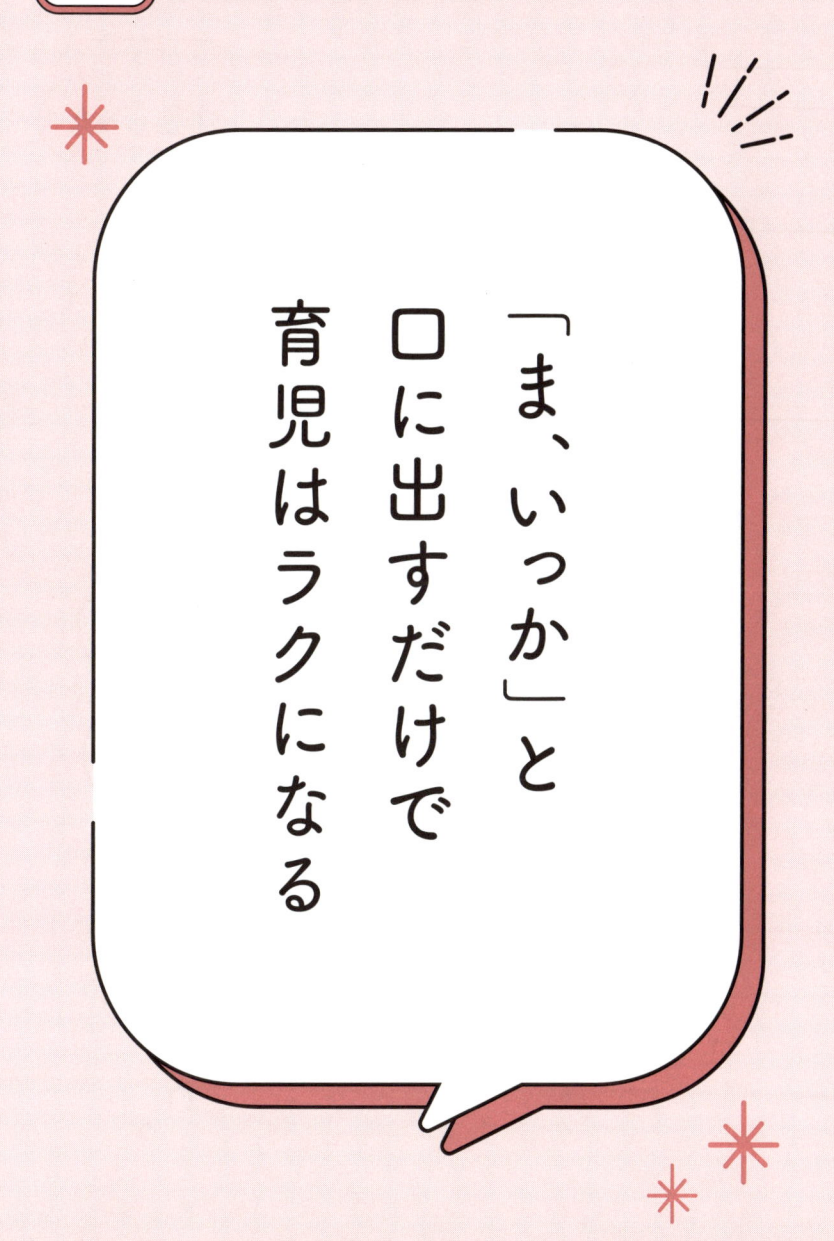

でんちゃんの
1秒Q&A

Q

ママの体力を消耗させることなく、
子どもの体力を消耗させる方法は？

A

ラジコンにお菓子つけてみる

第4章

あなたの育児が、ちょっとだけラクになる言葉

僕は、たくさんのママさんからご相談をいただきますが、
多くのママさんが責めなくていいことで自分を責めてしまっています。
この章では、そんなご相談にお答えしていく形で、
あなたがご自分を大切にできるようになる言葉を送らせていただきます。

子どもについ怒ってしまうあなたへ

Q

「毎朝『今日は絶対に怒らない』と心に誓っても、気がつくとヤカンが沸騰したように子どもに怒ってしまいます。こんな私は、母親失格でしょうか」


子どもと一緒にいると、つい怒ってしまうことってありますよね。

怒ってしまう時って、なんだか自分が自分じゃなくなって、怒鳴った余韻で喉の奥がイガイガして、罪悪感でいっぱいになって……。

後悔して後悔して、自分を責めてしまいますよね。本当は怒りたくないのに。

頭では分かっているけれど、子どもを目の前にするとつい怒ってしまう。

何もかもが予定通りに進まず、気がついたら大きな声で叫んでしまう。

そして子どもが眠りについた後、子どもの寝顔を見ながら涙を浮かべ、「ごめんね」と呟くたびに、あなたはこう思うのではないでしょうか。


「あぁ、理不尽に私に怒られて、この子はかわいそうだ」

「もっと優しいママのもとに生まれていたら、この子はもっと幸せだったんじゃないか」


あなたは、本当はもっと優しい母親でいたいけれど、それができなくて苦しんで、気がついたら、自分を責めてしまっているのではありませんか？

育児という戦場の中で、怒らざるを得ないほど、過酷な毎日を過ごしているというのに。


でも、大丈夫ですよ。そんなことで、あなたは母親失格になんかなりません。

子どもに怒ってしまうということは、あなたが一生懸命育児をしている証拠です。

だから、あなたは、あなたのままでいい。

感情をコントロールしたいなら、6秒数えるとか、深呼吸をするとか、方法はたくさんありますが、僕はそれよりも、**怒ってしまう自分も、怒鳴ってしまう自分も、全部ひっくるめて大切にするほうがずっと大事だ**と思います。

母親に、失格も合格もありません。

命を懸けて子どもを産んで、命を懸けて子どもを育てているあなたを審査して、合否を判断すること自体が、野暮《やぼ》だと思います。

あなたはご自分のやっていることに、もっと誇りを持ってください。

怒り過ぎてしまったことを後悔したなら、後から「ごめんね、ママ言いすぎちゃった」と謝れば、大丈夫。

あなたの子育ては、いつからでも、何度でもやり直せます。

つい子どもに怒ってしまうのは、あなたが一生懸命育児をしている証拠

子育てを間違えたくないあなたへ

Q

「子育てに自信がありません。初めての子育てで、今まで子どもとかかわってきた経験もないし、周りに同じ年齢の子もいないので、私の子育てが正しいのか不安になります」

それはすごくいいことですね。

子育てに自信がないということは、我が子と初めての経験を一緒に味わえているということだから。

今までだってそうだったはずです。

あなたが初めて自転車に乗った時、あなたが初めて発表会でセリフを口にした時、あなたが初めて好きな子に話しかけた時、あなたが初めて彼氏と手をつないだ時……。

ドキドキして、「これでいいのかな?」なんて思いながらやってみて、それでもイメージ通りいかなくて……とても自信なんてなかったはずです。

でも、そのおかげで、今のあなたがいます。

そう考えると、その経験はとても大きな意味があると思いませんか?


子育てもそれと一緒です。

初めてのことだから自信が持てない。

でも、だからこそ、あなたはお子さんと一緒にたくさんの「初めて」を経験できるのです。

好きな人と手をつないだあの日のように。

あなたが、お子さんと一緒に人生を歩んでいけることは、とても幸せなことだと思います。


たしかに、育児をしていると、周りの育児がどんなものか気になることがあるかもしれません。

基準は？　平均は？　普通は？　と。

でも、あなたは周りの人たちの育児に囚われなくてもいいんです。

あなたのお子さんは、この世にふたりとしていないのだから。


僕たち親は、育児を間違えてもいいんです。

なぜなら、僕たち親の役割は、「間違えない育児をする」ことではなく、「間違えても幸せになれる」と胸を張ることだと思うから。


僕は、あなたがどんな育児をしていたとしても、あなたの育児を心の底から応援しています。

親の役割は、「間違えない育児をする」ことではなく、「間違えても幸せになれる」と胸を張ること

どこからが甘やかしなのか

Q

「うちの子が、すぐにワガママを言います。自分でできることもすぐに『やって』と言われて困ってしまいます。甘やかさずにもっと頑張らせないと、将来自立できない子になってしまうのではないかと心配です」

その気持ち、すごく分かります。

どこまでやってあげたらいいんだろう。やりすぎたら頑張れない子になってしまうのではないかと心配になりますよね。

でも、基本的にはやってあげて大丈夫ですよ。

子どもの「やって」という言葉を聞いて、簡単にやってあげてしまうと、甘やかしになってしまうのではないかと心配になることがあるかもしれませんが、実は逆なのです。**小さな頃にたくさん親に甘えることができた子が、自立していく**のです。

例えば、「あなたという存在」がお子さんにとっての「家」だとします。お子さんが家の外に出て「目的地」に行くことが「自立」だとすると、どうしたら目的地に行くことができると思いますか？

この時に、子どもに頑張らせるということは、子どもを外に出して「目的地まで行ってきなさい！」とドアのカギをガチャッと閉める状態です。

そうなるとお子さんはどうなるでしょう。おそらく、目的地に向かうどころか、「ママ！　開けて！」と家のドアを何度も叩き続けるのではないでしょうか。

では、今度は家のドアを開けっぱなしにして、「いつでも帰ってきていいよ」と言うとどうなるでしょう。

そうすると「私にはいつでも帰る場所がある」と安心して、少しずつ目的地に近づいていけるようになっていきます。育児も、それと一緒です。安心のドアを開けっぱなしにして「いつでも帰ってきていいよ」と、子どもの甘えを受け止めてあげることで、子どもはどんどん自立していきます。

もしかしたら、怖くなって途中で家に戻ってくることがあるかもしれません。でも、家に帰ることで、またいつでも家に帰れるという安心感を持ち、次はもっと遠くまで行くことができるのです。

このように、**行ったり来たりしながら行ける距離がのびていき、だんだんと目的地（自立）に近づいていくことができます。**

ですから、お子さんが自分でできることを「やって」と言ってきたら、「また自立しようとしているんだな」と思いながら、やってあげて大丈夫ですよ。

「もちろんいいよ！　○○ちゃんのこと大好きだから」なんて言葉を添えて。

ワガママは、言える時にたくさん言わせてあげましょう。

いつかワガママを言ってくれなくなってしまう、その前にね。

子どもは、頑張らせないほうが自立する

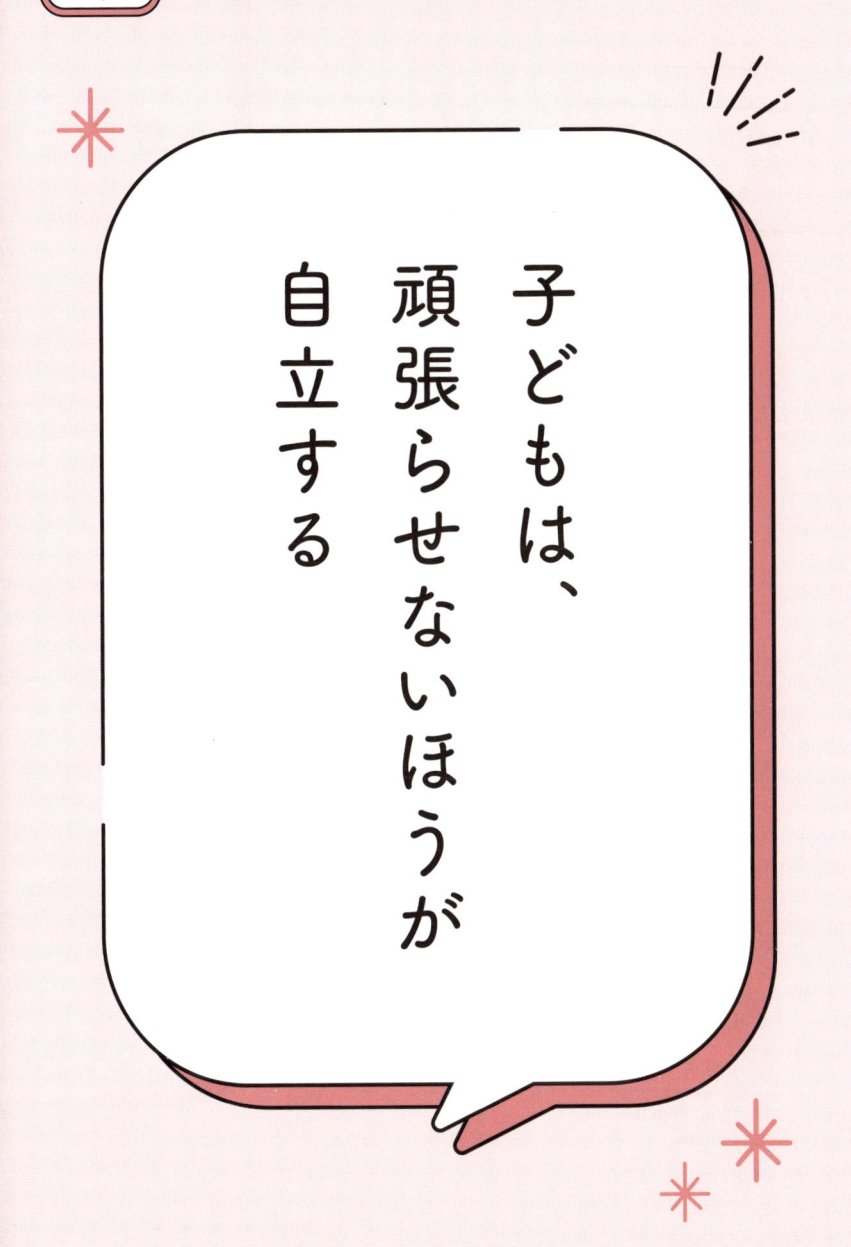

あなたは偉人を育てている

Q

「うちの子は発達障害を持っています。何度言っても子どもが言うことを聞かなくて、そんな子どもにすぐにイライラしてしまいます……」

本当に毎日お疲れ様です。
自分の子なのに理解できなくて、どうかかわったらいいのか悩みますよね。
イライラする気持ちもすごく分かります。
僕がかかわってきた子どもたちの中には、大人の言葉がなかなか伝わらない子もたくさんいました。そういう子と出会うたびに僕は、こう思っていました。

「あぁ、この子は天才なんだ」

自分で何かを成し遂げる人は、周りの言うことを聞くばかりではなく、自分の感じたままにどんどん行動していく人も多いです。

だから、**言うことを聞かないことは、ひとつの才能**なのです。

今後、あなたが我が子にイライラしたら、こう思うようにしてみてください。

「あぁ、この子はいつか、偉人になるんだ」と。

エジソンもアインシュタインも、レオナルド・ダ・ヴィンチも、天才、偉人と言われる人たちの幼少期は、普通ではありませんでした。

でも、彼らの母親たちは「この子は天才だ」と我が子を信じ続け、そのおかげで子どもたちは才能を開花させ、時代を超えて今の世の中でも役に立つ発明や作品を残し、今では知らない人がいないほどの偉人となりました。

だから、あなたのお子さんがおかしな行動をとったり、言うことを聞かなかったりしたら、「私は偉人を育てているんだ」と思ってみてください。

今、あなたのお子さんは、「偉人の幼少期」なんです。


そしたら、ほら、頭を抱えている場合ではありません。

ペンの頭をノックして、記録に残さないと。

あなたの子は、未来の教科書に載るんですよ。

そんな偉人のエピソードは、1個でも多いほうがいいでしょう。


そう考えると、我が子の困った行動にも、意味があると思えませんか？

気がつけば、イライラだって吹っ飛んでしまうかもしれません。


未来のことは誰にも分からないのですから、そういうことにしてしまいましょう。

そう考えるだけでも、あなたはきっと、今よりももっと、我が子に優しくなれるはずだから。今よりももっと、我が子を誇りに思えるはずだから。

あなたの子はいずれ、偉人になる（かもしれない）

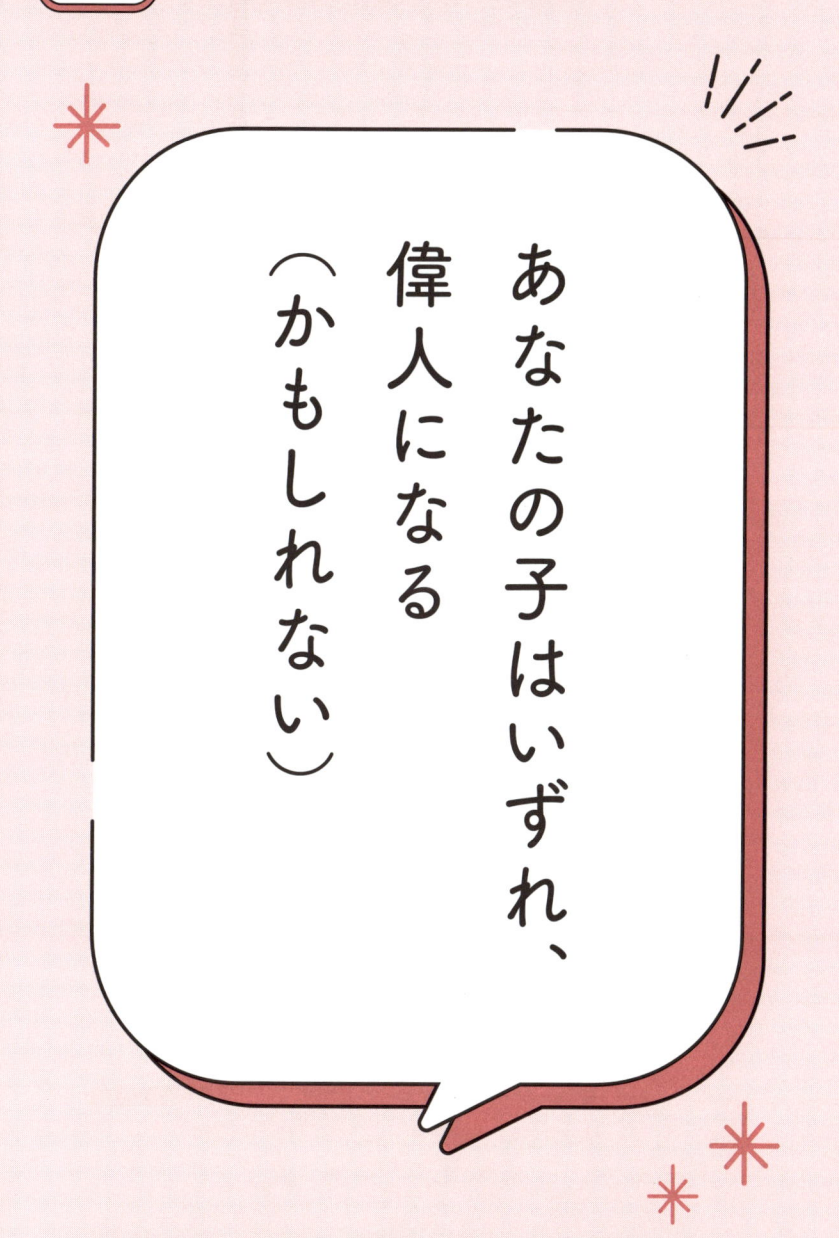

「すごいね」ってほめていい

Q

「子どもをほめる時に、『すごいね』『上手だね』というほめ方はよくないと聞きました。では、どうほめたらいいんでしょうか？」


難しいですよね。いろいろな育児本や育児の情報では、

「『すごいね』『上手だね』と結果ばかりをほめると、お子さんは結果だけを求めて、努力をせずにズルをするようになったり、ちゃんと本心でほめてもらっているのか信じられなくなったりしてしまいます」

なんて書いてあることがありますよね。

だから「すごいね」と結果ではなく、「頑張ったね」と過程に目を向けてほめてあげましょう、と。

こういった情報は、たしかに間違っていません。

だけど、本当にそれがすべてなのでしょうか？

お子さんが何かができるようになった時に、「すごいね」という言葉が真っ先に出てくることはありませんか？

それなのに、「すご……あ、間違えた！　過程をほめなくちゃいけないんだった……」「え～っと……」と思って子どもの成長を手放しに喜べなかったら、なんだかモヤモヤしませんか？

僕は「すごいね」とほめてもいいと思っています。

例えば、あなたがきれいにお化粧をして友だちに会いに行ったとします。

すると、友だちがあなたにこう言いました。

「頑張ったね～！　頑張ってファンデーションでシミ隠したんだね～！」

どうですか？　相手は過程をほめてくれていますが、嬉しくないですよね。
それよりも、シンプルに「きれいだね」とほめてくれたほうが嬉しいですよね。
だから、お子さんをほめる時も「すごいね」「上手だね」とほめても大丈夫。

お子さんが求めているのは、誰かに教えられた言葉ではなく、真っ先に出てきた、ありのままの「あなたの言葉」です。

育児はシンプルで大丈夫。きっと、あなたが育児を終えて今日を思い返した時、未来のあなたは今日のあなたにこう伝えることでしょう。
「未来のことなんて心配しないで、もっと素直に、今の目の前の子どもをかわいがってあげて」と。

今幸せな子は、未来に行ってもきっと幸せになれます。そして、あなたも。
いつかの未来も大切だけれど、どうか、今のご自分も大切になさってください。

「すごいね」は、最高の言葉のプレゼント

兄弟げんかを止めていいのか

Q

「兄弟げんかは止めたほうがいいのでしょうか、見守ったほうがいいのでしょうか」

まず、兄弟げんかを見かけた時に、親としては仲裁したくなりますが、基本的な対応としては仲裁せずにグッと見守ってあげることが大切です。

たとえるなら、夏祭りの輪投げと一緒です。

輪投げは、1投目はなんとなくの距離感と強さで、それらしい場所に投げますよね。でも、1投目だから全部「なんとなく」です。

でも、何投かしていくうちに、「あ、これじゃ届かないんだ」「これじゃ右にズレちゃう」なんて思いながら、輪に棒が入るように調整していきますよね。

けんかもそれと一緒です。

輪投げは「体の距離感」の調整ですが、けんかではそれに加え、自分以外の人との「心の距離感」を学んだり、調整したりしているのです。

ただ、僕が本当に伝えたいのはここからです。

兄弟げんかにおいて本当に大切なのは、「子どもに対する上手な対応」よりも、「**あなたの気持ち**」です。

見守ることがママにとってストレスなのであれば、仲裁しても、止めても、気をそらしても大丈夫。

ただ僕は、けんかの時に、ひとつだけ意識していることがあります。

それは、「**決めつけないこと**」。

兄弟げんかを見ていると「先に手を出したほうが悪い」「お兄ちゃんだからガマンしなさい」「弟が原因だ」とつい目の前の状況を見て決めつけそうになってしまいますが、けんかの一場面だけがすべてかは分かりません。

もしかしたら、何日も、何週間も、何か月も心に秘めていた思いがあるかもしれない。ガマンしていた気持ちがあるかもしれない。

その「目に見えない気持ち」が「目に見える形」で表れた時、**僕たち親が決めつけないことで、救われる子はたくさんいます。**

そして、もうひとつお伝えしたいのは、お子さんが、兄弟げんかができるほど自分を表現できるということは、あなたのそばが自分の気持ちを素直に出せるくらい安心できる場所であるということです。

だから、これまでしてきた兄弟げんかの数は、お子さんがあなたを信頼してくれた数なんですよ。

兄弟げんかの数は、子どもがあなたを信頼してくれた数

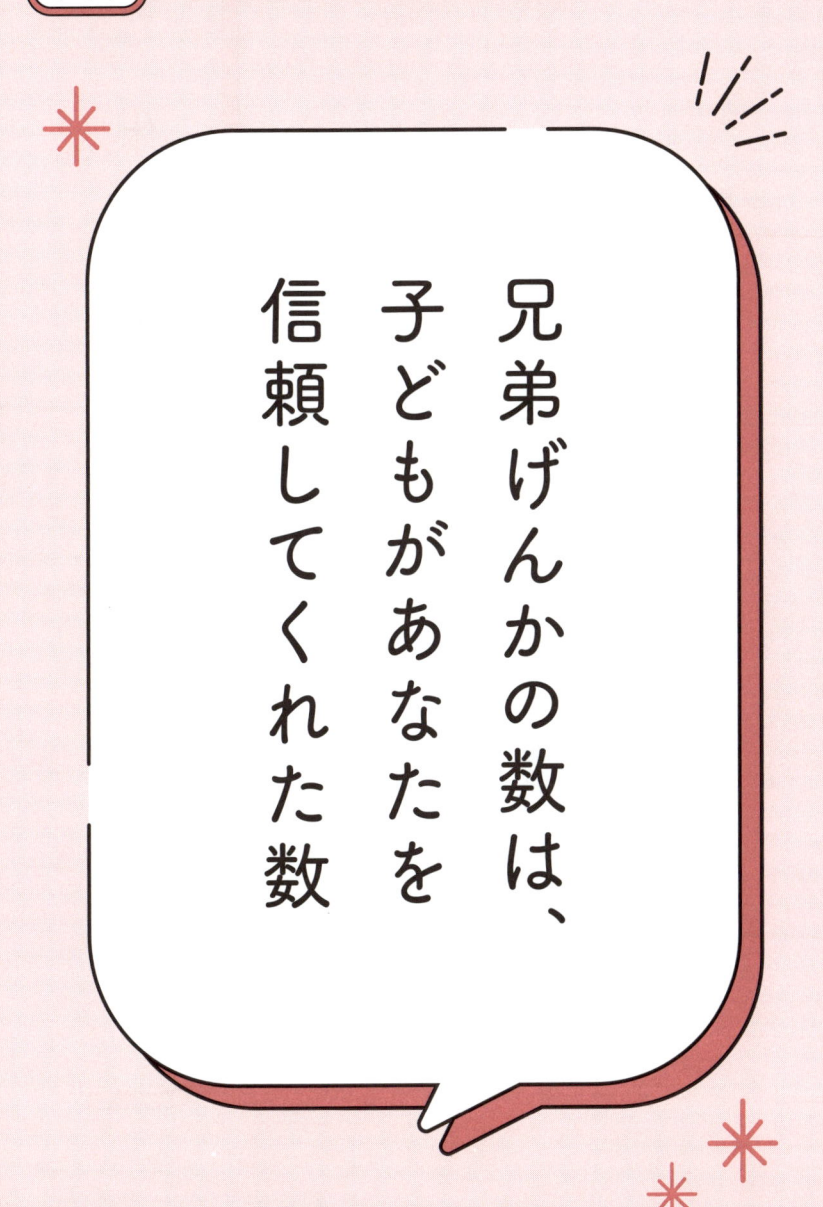

体の栄養よりも心の栄養を大切にする

Q

「3歳と5歳の娘を持つワーママです。ワンオペの日などはご飯をお惣菜で済ます日もあるのですが、先日子どもたちとスーパーでお惣菜を買っていたら、知らない人から『お惣菜なんて子どもがかわいそう……』と言われてしまいました。やはり多少無理をしてでも、お惣菜でなくきちんと栄養のある食事をつくってあげたほうがいいんでしょうか？」

すごい‼　毎日頑張っておられるのですね。

家事に育児に仕事に、本当に、本当に、毎日お疲れ様です。

先に僕の答えからお伝えしますね。

そのお惣菜、堂々と買ってください。

たしかに、栄養をとることは本当に大切です。食事は体をつくりますから、せっかく食事をとるなら毎回自炊をするに越したことはないですよね。

だけど世の中には、その言葉でつらくなってしまう人がいるということを忘れないでほしい。

家事に育児に仕事に追われ、1分1秒を争うほど頑張っているあなたの育児の一部分だけを切り取って、一方的に「かわいそう」と言う人の言葉ではなく、もっともっと、あなたのことを大切にしてくれる人の言葉を聞くために、あなたの耳はついているんですよ。

僕は、**ママが体を犠牲にして育む「体の栄養」よりも、手を抜いてでも余裕を持**

てる「心の栄養」のほうが大切だと思っています。

あなたが買っているのはお惣菜ではなく、「時間」と「優しさ」です。

あなたは、お惣菜を買うことで、料理ができるまで子どもを待たせたりガマンさせたりする時間を短縮するとともに、その間子どもにイライラしてしまうかもしれなかった、あなたの怒りを減らしているんですよ。

だからあなたは、胸を張ってお惣菜を手に取ってください。

堂々とお子さんにお惣菜を出してあげてください。

そして、できることなら笑顔で食べてください。「ふきげん」よりも「ごきげん」で食べる食事のほうが、おいしく感じることができるでしょう。

お子さんはきっと、どんな高級食材よりも、あなたと笑顔で食べる食事のほうが嬉しいと思います。

そのあたたかい気持ちが、あなたとお子さんの、最高の心の栄養になるはずだから。

あなたが買っているのはお惣菜ではなく「時間」と「優しさ」

育児の正解

Q

「育児をしていると、情報が多すぎて何が正解なのか、何を信じたらいいのか分かりません」


「育児に正解はない」という言葉もあるように、今は情報が多すぎますよね。

正解がないのに育児をするということは、言い方を変えると、水のない砂漠をさまよっているようなものだと思います。

だから、こう言い換えさせてください。

「育児に正解はない」のではなく「育児は正解だらけ」だって。

あなたがつい子どもを怒ってしまっても、子どもの言葉をつい無視してしまっても、つい大人の都合で振り回してしまっても、あなたの育児がうまくいかなくったって、どんな育児をしていても、正解なんですよ。

お子さんが今日まで生きてこられたのは、誰のおかげですか？お子さんが今日、生きて涙を流せるのは、誰のおかげですか？他でもないあなたでしょう。

だから、これだけは忘れないで

ください。

とてもとても大切なことです。

あなたの人生は、あなたが選んでいいのです。

どの情報を信じるか、誰の言葉を信じるか、その選択が、あなたとお子さんが豊かな人生を送っていくための、大切な道しるべとなります。

だから、あなたはこれから、自分にとって「心地のいい情報」を選んでください。「情報」だけではなく、**あなたが好きな人の「言葉」を信じてください。**

あなたには、あなたのことを大切に思ってくれる人の言葉を信じる権利がある。限られた人生の時間を使うなら、正解を探し続けるよりも、あなたを大切に思ってくれている人のことで頭をいっぱいにしてみませんか？

子育ての醍醐味《だいごみ》というものは、今日も生きている自分とお子さんに、大きな大きな花丸をつけることなのかもしれませんね。

「育児に正解はない」のではなく、「育児は正解だらけ」

アンパンマンにはなるな

Q

「育児がつらいです。親である責任におしつぶされそうになります。どうしたらいいでしょうか」

それは、本当につらいですよね。

自分が母親でいいのか、もっと母親に向いている人がいるのではと自分を責めたくなってしまいますよね。

母親は、子どもにとってアンパンマンのように強く、頼りになる存在。

弱きものを助け、強きものに立ち向かう、みんなのヒーローであり、みんなが待ち望むアンパンマンは、たしかに素晴らしいです。
でも、あなたはアンパンマンのような親である必要はありません。
なぜなら、彼は涙を流せないから。

顔が濡れたら力が出ないアンパンマンは、涙を流すことができません。
彼は、つらい時も苦しい時も、涙を見せずに自分を犠牲にし、常に他人のために自分の人生を使っています。

あなたの人生は誰のためにありますか？
子どもの人生は誰のためにありますか？

つらい時は涙を流してもいいんです。あなたは人間なんですから。

親は、強い存在でなければならない。
親は、頼れる存在でなければならない。

そうやって育児の責任におしつぶされそうになってしまうのであれば、強さもたくましさも、古い顔と一緒に、全部取りかえてしまいましょう。

弱さを見せることを恐れなくていいんです。

親であることの責任も大切かもしれませんが、その責任というマントを外すことも、時には大切だと思います。

あなたは、アンパンマンが絶対に言わない言葉を知っていますか？

それは、「**助けて**」です。

誰かに助けを求めるのは、恥ずかしいことでも弱さでもありません。

あなたに使ってもらいたい、誰よりも勇敢な人が口にする言葉です。

育児はひとりではできません。

たくさん周りに頼って、助けてもらいながら育児をしていってください。

「助けて」はこの世で1番勇敢な人が言う言葉

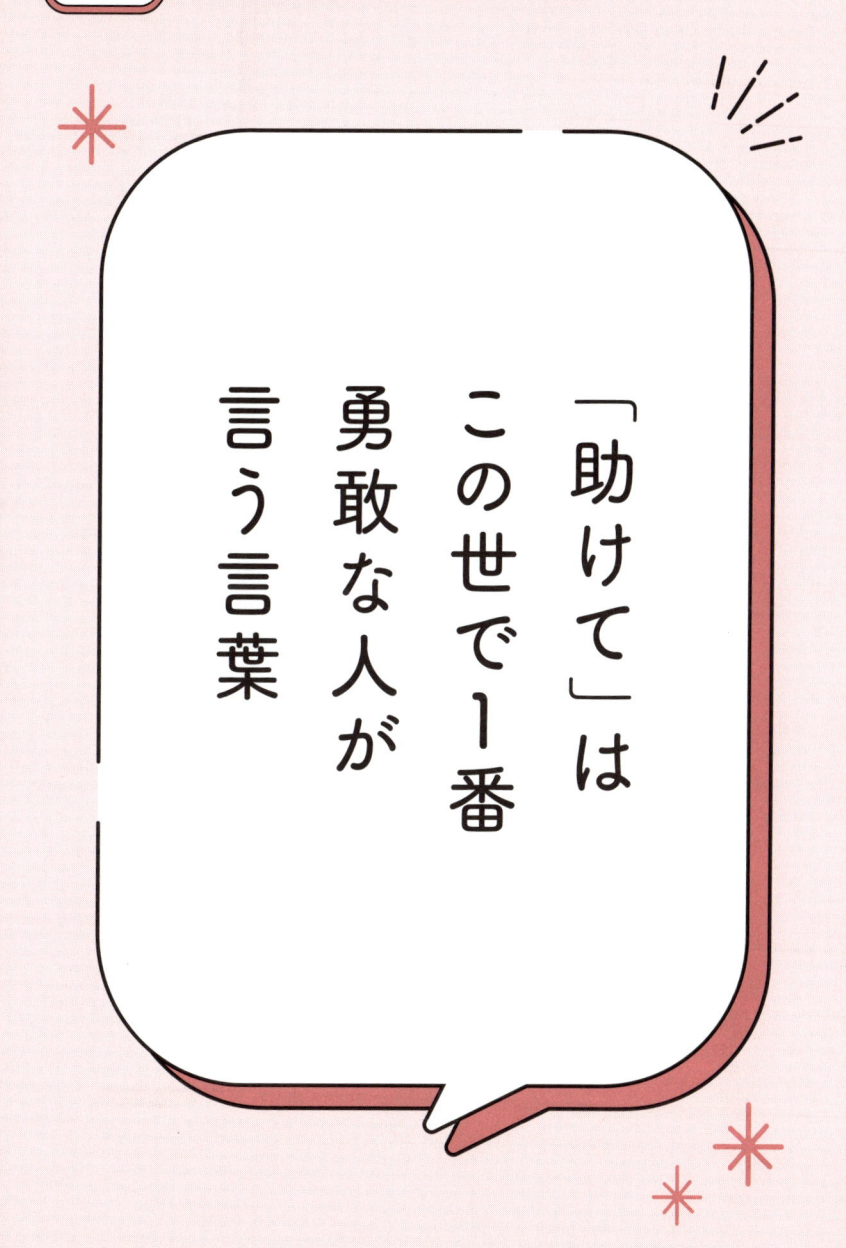

あなたの子が今日も生きているのは当たり前じゃない

Q

「親である私の自己肯定感が低く、自分に価値を感じられません」

自分に価値がないと思ってしまう気持ち、すごく分かります。
僕もそうでしたから。

でも、ちょっと思い出してみてください。
あなたのお子さんが、まだお腹の中にいたあの日。
日に日に大きくなっていく自分のお腹に優しく声をかけ、道行くベビーカーを押す女性や子連れのママを見るたびに、期待と不安が入り混じり、お腹をさすりながら、産まれた後のことが頭に浮かんだのではないでしょうか。

「どんな子なんだろう？」

「私に似てるのかな？」

「無事に産まれてきてくれるのかな？」


そして、命を懸けて、何時間も痛みや恐怖と闘いながら、分娩台でシーツを握りしめたあの日。

朦朧《もうろう》とする意識の中、我が子の産声を耳にしたあの日。

ようやく産まれた我が子を、涙でぼやける目で見つめた、あの日。

あなたは、我が子にどんな感情を抱いていましたか？


僕は、命を懸けてお子さんを産んだあなたに、心から敬意を表します。

出産も経験していない僕がこんなことを言うのはおこがましいかもしれませんが、あえて言います。

あなたのお子さんが、今日もワガママを言ったり、いたずらをしたり、耳に刺さるような声で泣き叫んでくれるのは、あなたがあの日、産むことを諦めなかったからです。だから、毎晩思い出して、言葉で伝えてあげてください。

我が子の体をギュッと抱きしめながら、**「産まれてきてくれて、ありがとう」**と。

同じ言葉を、何度でも、何度でも……。

きっと、これから育児をしていくたびに、悩むこともあるでしょう、苦しむこともあるでしょう。でも、そのたびに思い出してください。

柔らかいベッドの中で静かな寝息を立てているあなたのお子さんは、髪の毛をなでられながら感じたあなたの温もりを、きっと忘れることはないでしょう。

言葉には出さないかもしれないけれど、お子さんはきっと、心の中であなたにこう思ってくれているんだと思います。

「ママ、産んでくれて、ありがとう」

「今日まで育ててくれて、本当にありがとう」

あなたが命を懸けて産んだから、今日も我が子は生きている

でんちゃんの
1秒Q&A

Q
机の上に乗る息子。
注意したほうがいいですか？

A
年齢が4桁になったら
そろそろやめさせましょう

第5章

子どもから学べること

～子どもの心の中を「覗ける」言葉～

子育てをしていると、子どもに教えることよりも、
子どもから学ぶことがたくさんあります。
この章では、僕が子どもたちから学んだことをお伝えしていきます。
きっと、あなたの子育てと重なる部分も
たくさんあるのではないかと思います。
たった1行でも構いません。この本を読んだ後は、
心を込めてお子さんを抱きしめてあげてください。

かんしゃくの神対応とは

あなたは、子育ての神対応を見たことがありますか？


第2章でお伝えしたような「子どもへの声かけ」は、「魔法の声かけ」や「神対応」として何度かテレビのニュースや記事に取り上げていただいたことがあります。

でも、次男に対する長女の対応を見た時、僕は衝撃を受けました。

彼女の声かけは、僕が世間から言われていた「神対応」とは別次元だったのです。


その日もおやつを独り占めしたい次男がかんしゃくを起こし始めました。

「あ、そうだ、こんな時は共感だ！」と思い「ひとりで食べたかったんだね」と言葉をかけますが、それでも泣き続ける次男。

だめか……。

「みんなで分けようか」も「違うおやつにする？」も首を振る……。

僕が心を落ち着かせようとその場を離れると、次男はもっと泣き叫び、リビングにはその泣き声が響き渡りました。

「かんしゃくには神対応なんてない」と悟った瞬間でした。

すると、長女がトトト……と次男に近づいていきました。そして次男に声をかけた時、僕は雷に打たれました。

彼女は、弟にこう言ったのです

「大丈夫？　お水でも飲んで落ち着こっか」

その言葉に次男はピタッと泣き止み、長女が差し出したコップを手に取ると、ゴクゴクと飲み干しました。

その時、僕はようやく気がついたのです。

僕の頭の中は「どうしたらかんしゃくが落ち着くか」にばかり囚われていたのだと。

しかし彼女は、「次男が何を求めているのか」をしっかりと探っていたのです。

本当の神対応というものは、大人にとって都合のいい声かけや対応ではなく、「その子が満たされること」です。彼女は小さな背中で、僕にそれを教えてくれました。

この時に勘違いしてはいけないのは、「かんしゃくの時には水を飲ませればいい」というわけではないということです。

かんしゃくを起こした子は、その時その時で求めていることが違います。

もちろん、何をしても泣き止まない時だってあると思います。

でも、大切なのは「かんしゃくの時は○○をしましょう」ではなく、あなたが「この子は何を求めているんだろう」と考える姿勢です。あなたの言葉がお子さんの耳に届いていないように感じても、間違いなく心には届いています。

そして、実はこの話には続きがあります。

長女に優しく抱きしめてもらい、お水をもらった次男は、信じられない行動に出たのです。その行動を見て、僕は目を疑いました。

あんなに泣いていた次男が、自分のおやつを長女にそっと差し出したんですから。

あなたの言葉は
耳に届いていなくても
心には届いている

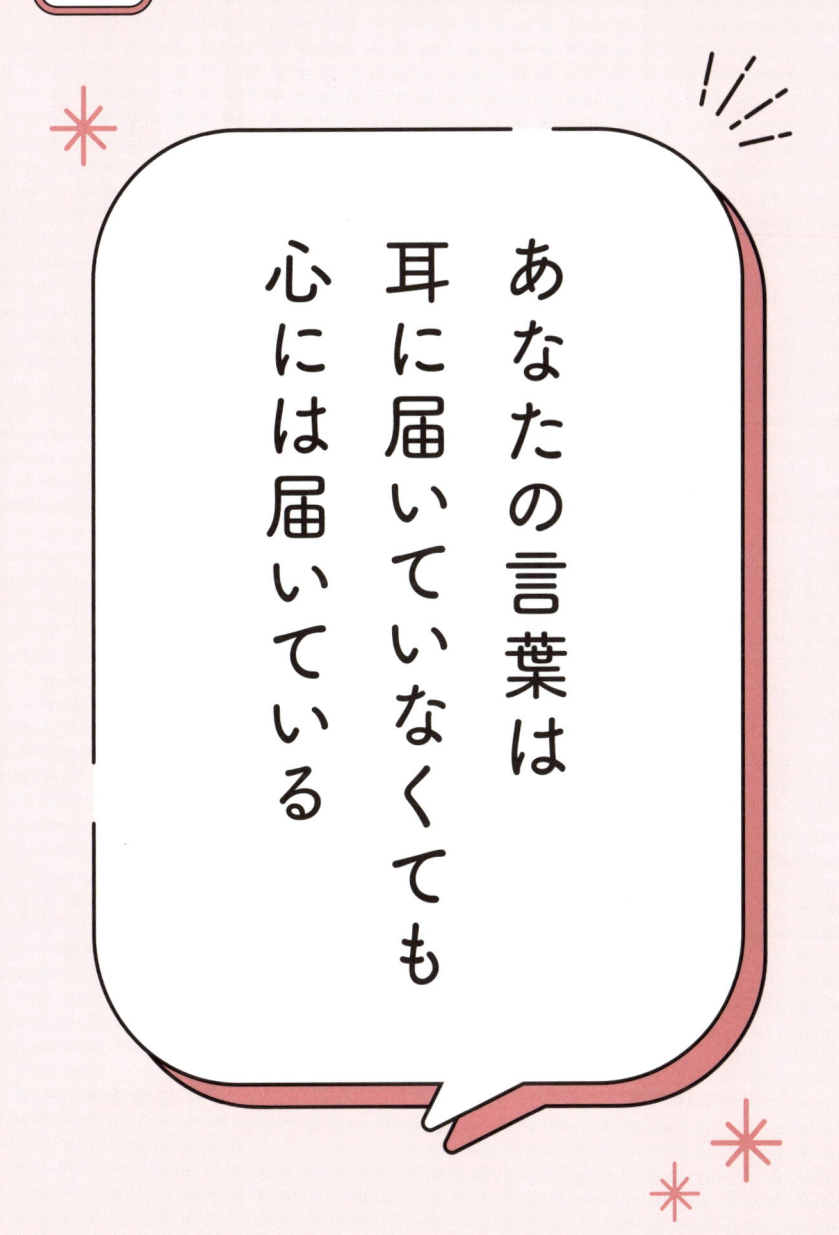

周りの目を気にしない育児をするには

あなたは、自分らしい子育てができていますか？

もしも周りの目を気にしながら育児をしていて、肩身の狭い思いをしているのなら、この話を読んでみてください。


長男が5歳の時、登園直前に、耳を疑うようなことを口にしました。

「パパ、僕、パジャマのまま保育園に行きたい」

それを聞いた僕は、目を丸くして言いました。

「いやいや、そんなことしたら恥ずかしいじゃん」

それでも長男は、パジャマで行くと言って聞かないので、僕はしぶしぶ「……分かった、いいよ。パジャマのまま行こう」と伝え、そのまま一緒に手をつないで保育園へ向かうことになりました。

保育園に行く途中、彼はパジャマのまま、嬉しそうに道路の縁石に登り、横断歩道の白い部分だけジャンプして渡り、保育園の玄関につきました。

すると彼は先生のもとへ走り出し、先生にギューッと抱きつきながら、衝撃的な言葉を口にしたのです。

「先生、来れたよ」

その時僕は、ようやく気がつきました。

彼は、どうしたら自分が保育園に行けるのか、必死に考えていたんだ、と。

その方法のひとつが、パジャマだったんだ、と。

先生は、優しく長男の頭をなでると「かわいいパジャマだね」と口にし、カバンから制服を取り出して着替えさせてくれました。

誰も、パジャマで登園させた僕のことを責める人はいませんでした。

恥ずかしいことなんて何もなかったのです。

パジャマで登園した5歳の彼は、それが分かっていたのだと思います。

育児というものは、そして人生というものは、1冊の本と同じなのだと思います。大切なのは、その本のシナリオを書いているのは誰か、ということです。

彼の人生のシナリオを書いているのは、親の僕ではありません。彼自身です。そしてその人生のシナリオに下書きはありません、本番です。

どんどんページがめくられていって、どんどんエンディングに近づいていきます。そして最後のページを書き終えた時、あなたは子どもたちになんと言葉をかけるのでしょう。

それを決めることができるのはその時ではありません、今です。

「恥ずかしい」「周りの目が気になる」「変な親だって思われないかな……」。

育児をしていると、そう思うことがあるかもしれない。だけど、あなたの人生の物語の主役は、他でもないあなたです。お子さんの人生の主役は、他でもないお子さんです。

だからどうか、周りの目に惑わされず、後悔しないように育児をしてください。

あなたの人生の物語の主人公は、あなたです

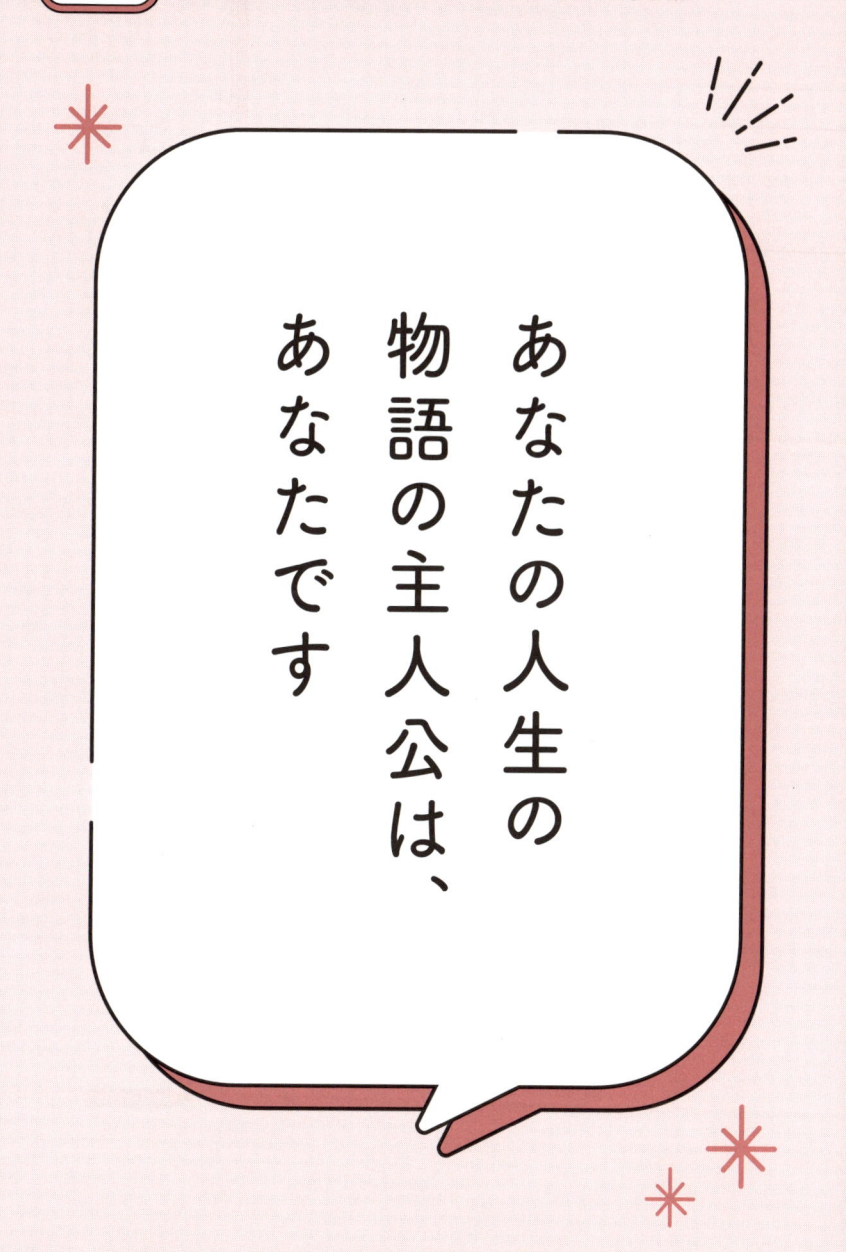

注意よりも子どもに伝わる伝え方

6歳の長男は、世の中のルールと好奇心の狭間《はざま》にいて、時々、ほんの少しルールをはみ出して、知らない人に注意をしてもらうことがあります。

僕が子ども3人を連れて飛行機で旅行に行った時、僕の隣に子どもたちが座っていたのですが、その時に長男が窓の外の景色を見たいと口にしました。

席を立たないと窓からの景色が見えない長男は、シートベルトを外して立ち上がり、窓の外を眺めていました。

安全な上空なので、決まりとしてはシートベルトを外してもよいのですが、長男が気になったようで、CAさんが僕のところに走ってきました。

「危険ですのでお座りください」と注意されるかなと思ったのですが、そのCAさんの一言は意外なものでした。

「ねえボク、このひざ掛けをお尻の下に敷いたら、もっとよく見られるよ」

「え……？」

僕はその一言に開いた口がふさがりませんでした。

僕が想像した「危険ですのでお座りください」と、CAさんが口にした「このひざ掛けをお尻の下に敷いたらもっとよく見られるよ」は、同じ意味なのに言葉の伝わり方が全く違ったのです。

たしかに「危険ですのでお座りください」という伝え方は、正論です。注意としては端的で、とても分かりやすいものかもしれません。

しかし、長男はその言葉で納得し、すんなり座るとは思えませんでした。

でも「このひざ掛けをお尻の下に敷いたらもっとよく見られるよ」という言葉は、長男にとってもメリットがあるため、すんなり話を聞いてくれたのです。

・お行儀のいい子に育ってもらいたい
・周りに迷惑をかけないでほしい
・じっとしていてもらいたい

僕たち親は、つい「ちゃんとしなさい」「迷惑だからやめなさい」という注意で片付けてしまいがちですが、むしろこの言葉で子どもの行動がエスカレートしてしまったり、話を聞いてもらえなかったりする場面もあるかもしれません。

注意をすることが悪いとは決して思いません。

しかしあの時のＣＡさんは、座席から立ち上がり、背伸びをしながら窓の外を眺める長男に対して、子ども扱いすることなく、ひとりの乗客として**思いやりを持って伝えてくれたからこそ、長男に届いた**のでしょう。

ふと隣を見るとそこには、誰も注意していないのに、きちんと座席に座り、笑顔で空を眺める長男の姿がありました。

子どもを子ども扱いしない

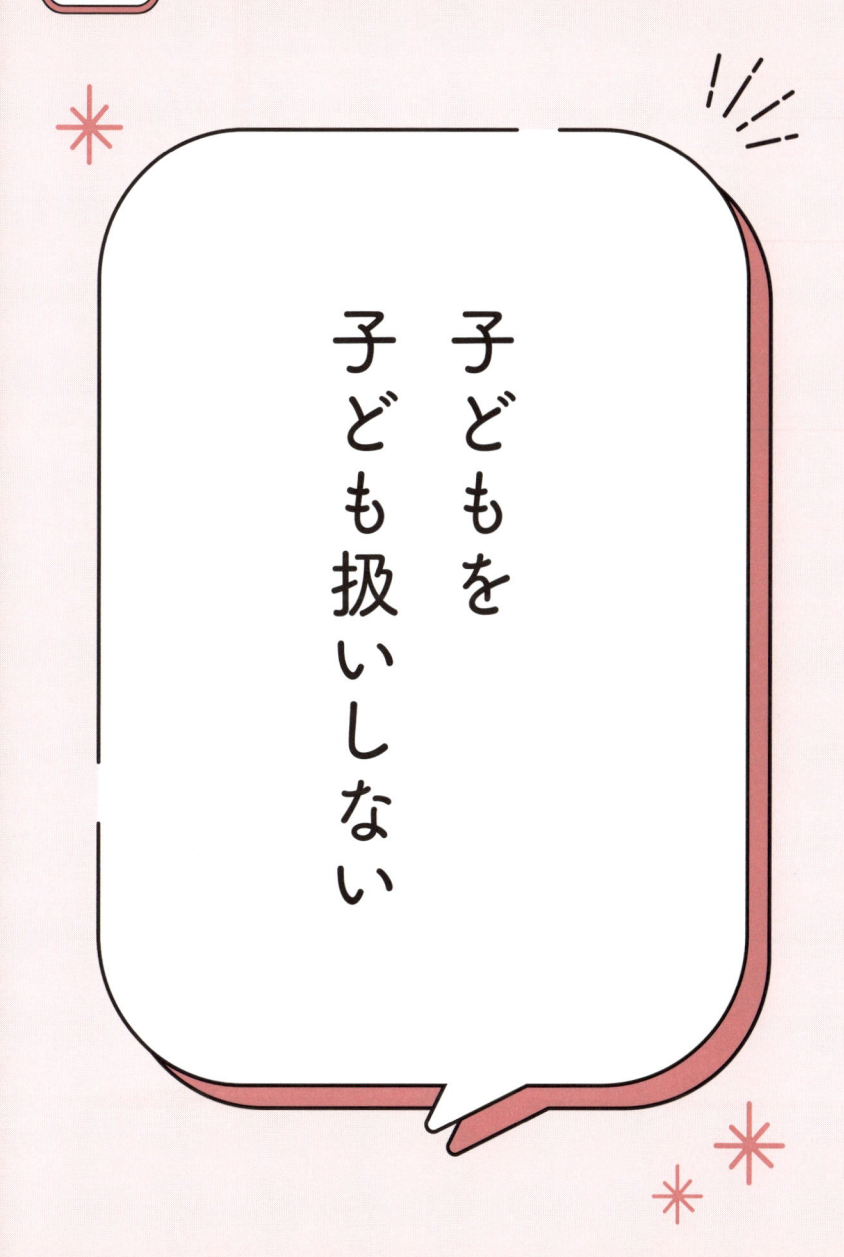

涙で破れたノート

小学校3年生の長女のノートには、涙で破れたページがあります。

その日、長女は、宿題を翌日の朝にやることを自分で選びました。

しかし、思ったよりも時間がかかり、家を出る時間があと10分に迫りました。

残りの宿題は漢字2ページ。長女は鉛筆を手にしながら一生懸命漢字を書いていましたが、焦りながら宿題をしていたことで漢字を間違えてしまいました。


すると長女は「もう間に合わない……」と眉間にしわを寄せ、ついに泣きだしてしまったのです。そして間違えた漢字の上に涙がポタリと落ち、そこを長女が消しゴムで消したことで、ノートが破れてしまいました。

それを見た長女は、「あー。破れちゃったぁ」「もうダメだぁ……」と泣き崩れ、とても宿題ができる状態ではありませんでした。

その時、僕の中にはいくつかの選択肢がありました。
・鉛筆を持つ彼女の手に僕の手を添えて一緒に宿題をする
・代わりに消しゴムで消してあげる
・やらずに送り出す
でも僕は知っていました。そのどれをしても、彼女が納得しないことを。

僕は、彼女の泣き声が響き渡る部屋の中で、考えに考え、そして、彼女をギュッと抱きしめました。
「宿題がうまく進まなくて慌てちゃったんだよね」
「ノートが破れて悲しかったんだよね」

そう言うと、長女は大きく頷き、僕の胸の中で大きな声で泣きました。そして気持ちを落ち着かせ、自分の袖で涙を拭うと、また宿題に取り組み、彼女は最後まで宿題をやり切ったのです。

僕は、**勉強を教える上で大切なのは、量や知識ではなく「感情を受け止めること」**だと思います。

だから、あなたのお子さんが勉強がうまくできない時こそ、感情を受け止めてあげることを意識してみてください。

それが、我が子が勉強を頑張る方程式になるかもしれません。

次の日から彼女は、何も言っていないのに、前日の夜に宿題をするようになりました。

彼女が真剣に取り組む漢字のノートを覗くと、涙で破れたページには大きな花丸がついており、その次のページからは、とても丁寧な文字が並んでいました。

勉強において大切なのは、感情を受け止めること

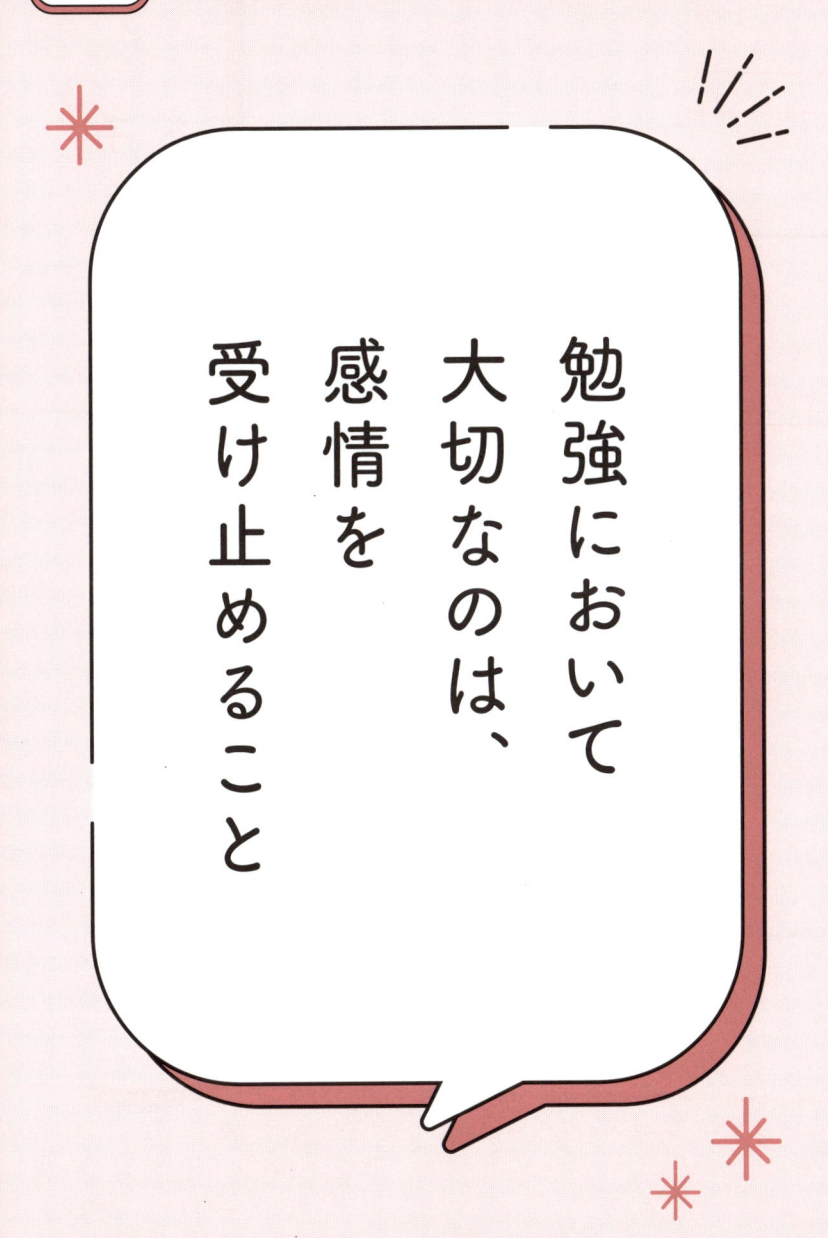

子どもが嘘をつくのは、あなたのせいじゃない

長女とコンビニにパンを買いに行った時のことです。長女が大きなパンをふたつ手に取ったので、僕は言いました。

「いやいやそんなに食べられないでしょ。1個にしときなよ」

それでも長女は「食べられる」と言いながら、頑なにパンを棚に戻そうとしないので、僕はしぶしぶ「分かったよ」と言ってセルフレジで会計を済ませました。

でも、どう考えても彼女には、自分の顔のサイズほどあるそのパンが2個入るほどの胃の容量はありません。

例えるなら120ミリリットルのサイズの哺乳瓶に、200ミリリットルのミルクを入れるようなもの。

どうして嘘をつくんだろう。

どうしてワガママを言うんだろう。

そう思いながらも、彼女の嘘に気づかないふりをし、ワガママを聞いて、あえて大きなパンを買ってみたのです。

そして家に帰ると、さっそくパンを食べ始める長女。

しばらく食べていると、それを見た次男が近づいてきて「ぼくもこれ、食べたい！」と言いました。

そんな次男の言葉に対し、僕が「いやいや、これはお姉ちゃんのだから……」と言った瞬間、長女は食べていたパンを飲み込むと、こう言いました。

「はい、ひとつどうぞ」

そして、袋に入った新品のパンを次男に差し出したのです。

その時ようやく僕は、**彼女がコンビニで、その場にいない次男のことも考えてふたつ買っていたのだと気がつきました。**彼女が帰り道で両手に持っていたふたつのパンは、ワガママの塊ではなく、優しさの魂でした。

子どもは、嘘をついたりつかれたりしながら成長していきます。

つまり、子どもの嘘は成長の証なのです。


お子さんが嘘をつくのは、あなたが育て方を間違えたわけでも、愛情が足りなかったわけでもありません。また、今嘘をついているからといって、大人になっても嘘をつき続けるわけでもありません。


だから、嘘をついた、という場面の一部分だけを切り取って頭ごなしに怒ることよりも、その理由に耳を傾けてあげてください。

そしてそれがどんな理由であろうと、こう伝えてあげてください。

「勇気を出して、本当のことを話してくれてありがとう」と。

「嘘をついてはいけません！」よりも、そのほうが次から本音で話してくれそうな気がしませんか？

僕は長女に「弟のためにありがとう」と言って頭をなでました。

嘘つきは、成長の始まり

目に見えるものだけで判断をしない

子どもを3人連れて本屋さんに行った日のことです。

僕が子どもたちに「好きなのを選んでいいよ」と言うと、子どもたちは口の先から音符を出しながら、ルンルンで絵本を選びに行きました。

三者三様で、さまざまな絵本を持ってきたのですが、しばらくすると長男が、驚くような本を持ってきました。それは、すでに家にある絵本でした。

「いや、その絵本、もう持ってるじゃん」

という言葉が頭をよぎりましたが、僕はあえて親指を立てて、こう口にしてみました。

「いいね！　これおもしろいよね！」

正直、買うつもりなんて1ミリもありませんでした。

でも「好きなのを選んでいいよ」と言った手前、彼がせっかく選んだものを否定するのも悪いかなと思ったので、なんとなく「いいね！」と言ってみたのです。

でも、その後の彼の表情を見て、驚きすぎて僕の親指は固まりました。

なぜなら**「好き」を僕と共有できた彼の表情は、今まで見たことがないほど幸せそうだったから。**

気がつくと僕は、その絵本をレジに持っていっていました。

この話を聞いて、「無駄な買い物」だと思う人もいるかもしれませんが、僕は、彼から学んだのです。

この絵本はいつか、自分の役目を終えた時、他の誰かの手に渡るかもしれないけれど、「同じ絵本を2冊も買ってくれた」という記憶と感情は、彼の中に残り続けることを。目に見えるものは、いつか壊れて失うけれど、目に見えないものは、いつまでも心の中に残り続けることを。

子どもなのになんでそんなことが分かるんだろう。

違う、子どもだから気がついていたのか。

僕たち大人はいつも、目に見えるものだけで物事を判断してしまうから。

この話で伝えたいことは、**どんな言葉に対しても「それいいよね！」「おもしろいよね！」と、同じ気持ちを共有してもらえることが、どんな絵本よりもワクワクさせてくれることがある**ということです。

とにかく、あの日の僕は、周りの声に耳を傾ける余裕もないほど、彼の「好き」に夢中でした。

きっと、あの時にレジで聞いた「ピッ」という音は、彼の絵本を買った音ではなく、彼の「夢中」を買った音だったのだと思います。

目に見えるものは
いつか壊れて失うが、
目に見えないものは
いつまでも心に残る

子どもの言葉をそのまま受け取らない

先日、僕が8歳の長女、6歳の長男と3人でトランプをしていた時に、6歳の長男が負けそうになってしまったことがありました。

すると、焦った長男は、ゲームの勝負がつく前に泣き出して、トランプをぐちゃぐちゃにしてしまいました。

それを見た彼は、なんとこう言ったのです。

「あーあ、カードがぐちゃぐちゃでできないよ……」

その時、僕の中で、いろいろな言葉が頭をめぐりました。

「自分でやったんじゃん」

「じゃあ、もうやめる？」

「負けたからって怒ってたら、誰も遊んでくれなくなるよ」

でもきっと、どの言葉も彼の求めている言葉ではないのだと感じ、飲み込みました。

じゃあ彼は、いったいどんな言葉を求めているんだろう？

そう考えた僕は、床に落ちたトランプを拾うと、長男の目を見つめながらこう伝えてみることにしました。

「そっかそっか、それぐらい悔しかったんだよね」

「一緒にトランプ直そっか」

すると長男は、涙を拭きながら大きく頷き、またトランプを拾い始めました。

僕たち大人は、今まで「生きてきた経験」の中から言葉を選びます。

でも子どもたちはきっと、「今この瞬間の中で言葉を探している」のだと思います。


この子は、涙を流しているけれど、本当はどんな言葉を求めているんだろう？


もちろん、そんなことまで考える余裕がないのが育児。

でも、もしもあなたが「真っ先に出てきた言葉」ではなく、「子どもの求めている言葉」を口にできたら、あなたは後悔しない育児ができたと、未来の自分に胸を張ることができるかもしれませんよ。

子どもが求めているのは正論ではなく、優しさなのかもしれませんね。

あ、ほら、見てください。

正論をぶつけていたら始まらなかったはずの2回戦が、笑顔で始まりました。

子どもが求めているのは、正論よりも優しさ

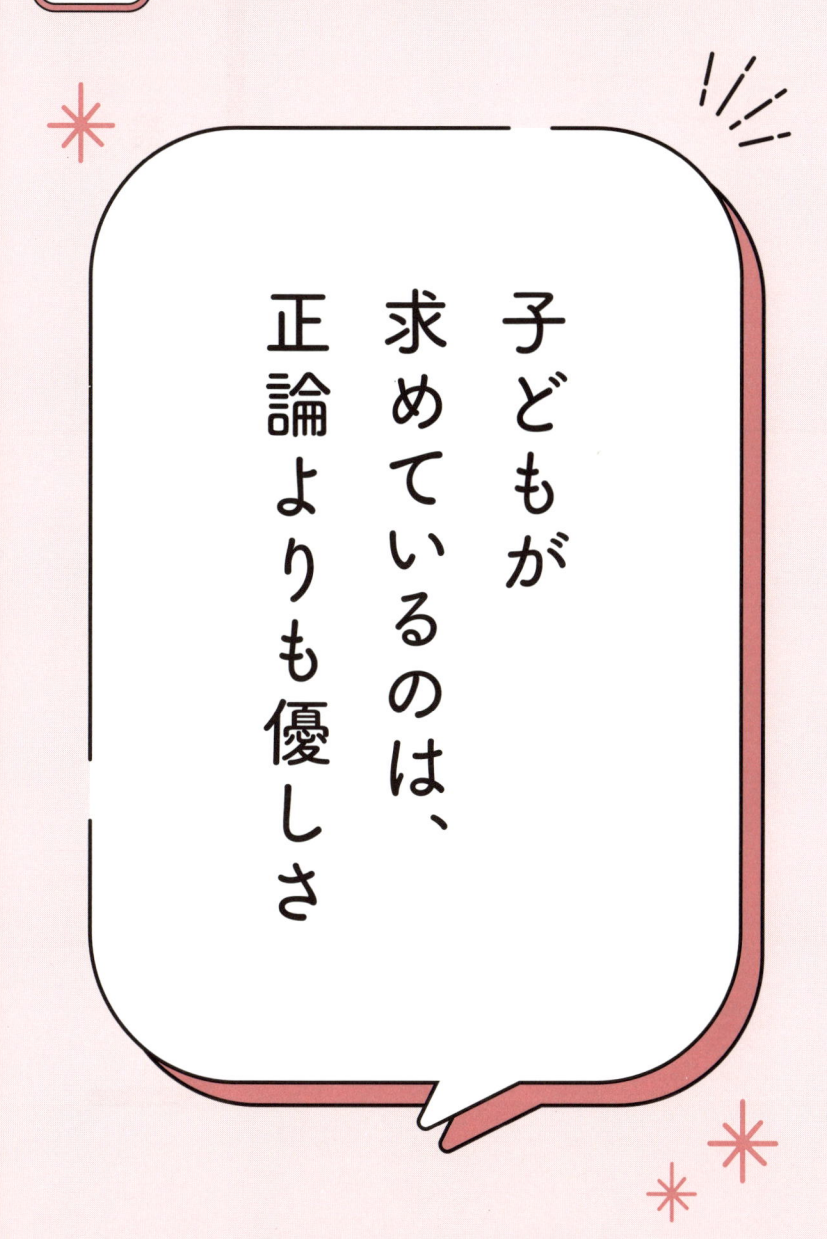

最後の育児

どうして僕たち親は、未来を見ることができないのだろう。
未来を見ることができれば、僕たちの育児はずっとラクなのに……。

少しだけ未来へ飛んでみましょう。
水の止まった水道。
量の変わらないティッシュの箱。
ご飯粒ひとつ落ちていないきれいな床。
そんな景色を眺めながら僕たち親は、「ほっ」とため息をつく。

「静かになったね。あんなににぎやかだったのに」と。
そして、小さかった時の我が子の動画を眺めながら、ふたりで涙を流すのだろう。

我が子が立ち上がった日、喜びとともに床をはう最後の日が幕を閉じ、我が子がパンツをはいた日、感動とともにオムツをはく最後の日が幕を閉じる。

そんなふうに**僕たちの育児は音もたてずに終わりを告げる。**
それがあたかも「よかったこと」のように。
頼むから誰か「あと2回だよ」とアラームをかけてくれ。

そして、未来から今日に帰ってみましょう。

目を凝らすと、そこには、出しっぱなしの水道、空っぽのティッシュの箱と床に散らばったティッシュやご飯粒……。
僕たち親は「コラー」なんて大声上げて。
なんて輝かしい時間なのだろう。

時間というものは、どれだけ願っても止められない。

僕たちの育児は、知らないうちに「おしまい」の数が増えていく。

だとしたら、僕たち親は、どうしたらいいのか。どうしたら我が子の最後を記憶のアルバムに仕舞い込めるのか。
そんなふうに思いますよね。

お伝えしましょう、簡単です。

それは、**「今日の我が子に目を向けること」**。

なぜならば、今日の我が子を見ることができるのは、今日の我が子の声を聞けるのは、今日の我が子を抱きしめられるのは、今日が最後なのだから。

今日の我が子を抱きしめられるのは、今日が最後

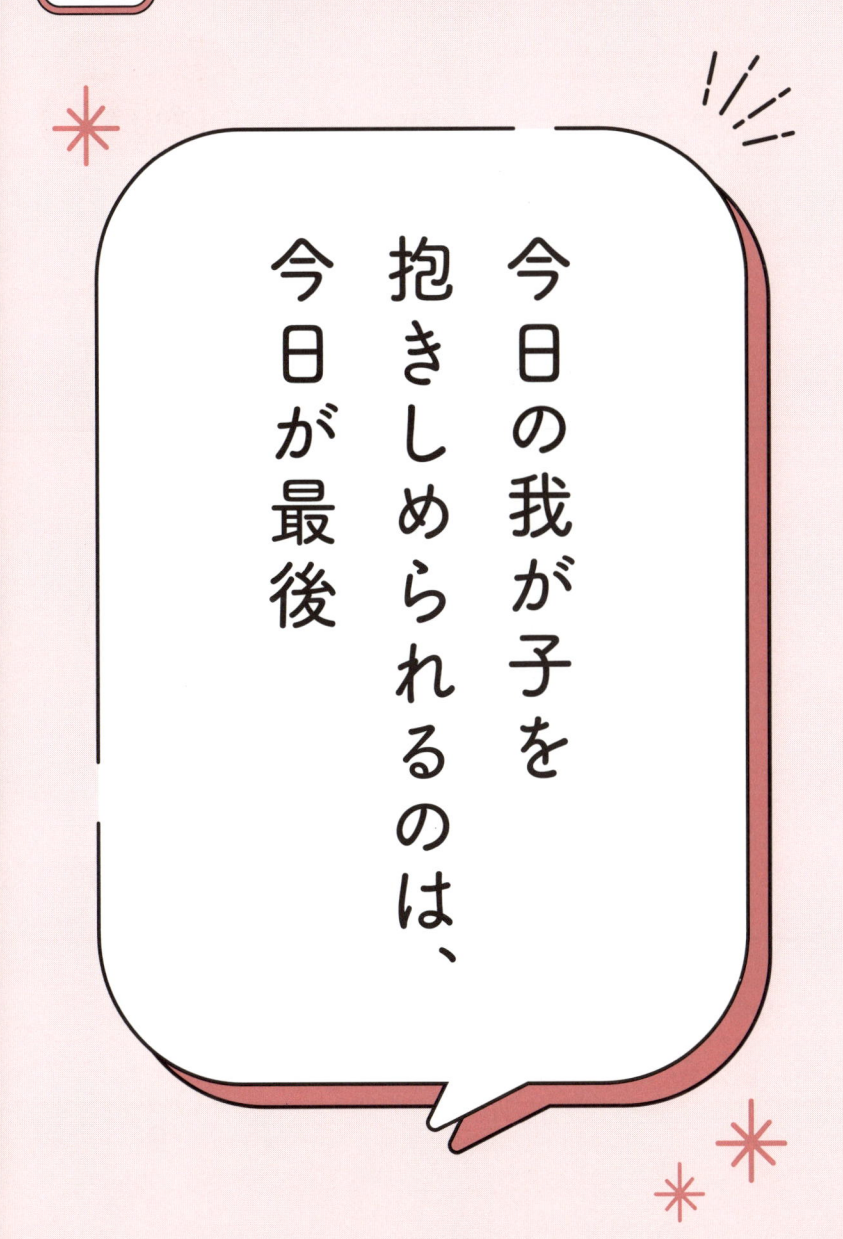

でんちゃんの 1秒Q&A

Q

イヤイヤ期ってなんですか？

A

将来のあなたが大金を積んででも
もう一度味わいたいと思う
育児の瞬間のこと

おわりに

あなたのお子さんが、お気に入りのおもちゃや絵本をずっと持っていると、すぐに壊れたり破れたりしてしまうことってあると思います。

その場面だけ見たら、それを大切にしていないように見えるかもしれない。

だけどきっと、興味があるからこそ、たくさん遊んで、たくさん読んで、すぐにボロボロになるのだと思います。

そう考えると、ものを大切にしないということは、ものを大切にするということなのかもしれませんね。

この本も同じように扱ってあげてください。


子育てって、難しいですよね。

でも、パズルのピースがひとつしかなったらつまらないけれど、たくさんあったほうが楽しめるように、子育ても難しいからこそ、やりがいがあり、楽しいと思えるきっかけになるのかもしれません。

また、この本に書いてある言葉を読んで、頭では分かっていても、いざお子さんを目の前にすると、思い通りいかないこともたくさん出てくると思います。

でも、それでいいのです。

子育ては、「できなくて当たり前」だと思ってください。

その代わり、うまくいった時は全力でご自分のことをほめてあげてくださいね。

子育てをラクにする方法は、必ずあなたの中にあります。

あなたが育児で悩んだ時、解決できる答えがないように感じるかもしれない。出口のない真っ暗なトンネルを、ひとりで歩き続けているように感じるかもしれない。

でも、そんな時でもこの本は、ハンカチの代わりにあなたの涙を拭い、ライトの代わりにあなたを照らし、地図の代わりに道を示してくれることでしょう。

言葉は目には見えません。言葉で誰かを抱きしめることはできません。

だけど、言葉を使って誰かの心を救ったり、あたためることはできます。


あなたの言葉は、お子さんにとって、とても価値のあるものです。

その言葉はきっと、お子さんの大切な大切な宝物となることでしょう。

そして、いつの日か、未来のお子さんの目に見える優しさに変わったり、誰かを抱きしめる温もりに形を変えるかもしれません。

その時あなたは、ご自分の子育てに胸を張れることでしょう。


僕は、命を懸けてお子さんを産み、育てるあなたを、心の底から尊敬しています。

最後まで読んでいただき、ありがとうございました。

でんちゃん

2024年10月

でんちゃん
保育士歴10年。SNS総フォロワー8万人超。親子のサポート2000組以上。Instagramの「ベビーシッターが声をかけてみた」シリーズは累計2000万再生を超える。たまひよをはじめ、さまざまなメディア、テレビなどに出演。全国で子育て講演会を開催。

声かけのプロ！ 2000組以上の
親子とかかわってきたベビーシッターの

子育てがラクになる魔法の言葉

発行日　2024年　10月　30日
著　者　でんちゃん

発行者　張 士洛
発行所　日本能率協会マネジメントセンター
〒103-6009　東京都中央区日本橋2-7-1　東京日本橋タワー
TEL 03(6362)4339(編集)/03(6362)4558(販売)
FAX 03(3272)8127（編集・販売）
https://www.jmam.co.jp/

装丁・本文デザイン　マツヤマチヒロ（AKICHI）
イラスト　きのこの子
本文DTP　TYPEFACE
印刷所　シナノ書籍印刷株式会社
製本所　株式会社新寿堂

JASRAC　出　2407075-401
ISBN　978-4-8005-9253-8　C0037
落丁・乱丁はおとりかえします。
PRINTED IN JAPAN